Frank Schnelle

TOM CRUISE

Vom Teeniestar zum Charakterkopf

Originalausgabe

WILHELM HEYNE VERLAG
MÜNCHEN

HEYNE FILMBIBLIOTHEK
Nr. 32/192

Herausgeber: Bernhard Matt

FOTONACHWEIS
Sämtliche Abbildungen stammen aus dem Archiv von Robert Fischer.

Inhalt

Vorwort

»Guys want to be like him and girls want to be with him.«
(Jerry Bruckheimer über Tom Cruise)

Er ist jung, intelligent, gutaussehend. Und verheiratet. Er raucht nicht, trinkt nicht, nimmt keine Drogen. Und verabscheut schlechte Manieren. An der High School war er ein Sport-As, bis eine Knieverletzung die mögliche Profikarriere vereitelte. Seither ist er strebsam und ehrgeizig und kennt nur zwei Ziele: der Beste zu sein bei allem, was er tut, und viel, viel Geld zu verdienen. Dafür ist er bereit, Entsagungen in Kauf zu nehmen, in aller Herrgottsfrühe aufzustehen und rund um die Uhr zu arbeiten. Der Erfolg gibt ihm recht, nur: Manchmal läuft er Gefahr, den Wald vor lauter Bäumen nicht mehr zu sehen.

Der Mann, von dem hier die Rede ist, heißt keineswegs Tom Cruise. Es handelt sich dabei nicht einmal um eine reale Person, sondern um eine Romanfigur: um den aufstrebenden jungen Rechtsanwalt Mitch McDeere aus John Grishams Bestseller »The Firm«. Andererseits trifft diese Beschreibung bis ins kleinste Detail auch auf Cruise zu. Das Buch liest sich, als habe Grisham diese Figur dem Schauspieler auf den Leib geschrieben.

THE FIRM (Die Firma), die Verfilmung des Grisham-Romans, erscheint wie die Spitze einer Pyramide, wie ein Punkt, an dem alle Linien zusammenlaufen, die sich durch die bisherige Karriere des Tom Cruise ziehen. Mitch McDeere ist der typische Cruise-Held: hochgradig talentiert, aber auch furchtbar naiv, mit einem Fehlschlag beginnend und am Ende doch triumphierend. Zugleich ist McDeere – zumindest, wenn man die Charakterisierung im Roman miteinbezieht – diejenige Figur in der Filmographie von Tom Cruise, die ihm selbst am nächsten steht. Cruise müßte schon einen Schauspieler verkörpern, der im Hollywood der achtziger Jahre einen rasanten Aufstieg schafft und eine beispiellose Serie von Hits hinlegt, um seiner eigenen Persönlichkeit noch näher zu kommen.

Wer will, kann die titelgebende »Firma« auch als Metapher für einen anderen Aspekt von Cruise' Biographie begreifen. McDeere arbeitet für eine Kanzlei, die sich den Anschein von Noblesse und Seriosität gibt, hinter deren sauberer Fassade jedoch finstere Geschäfte getätigt werden; die Firma beschäftigt sogar einen eigenen Geheimdienst. So ließe sich auch der Scientology-Kult beschreiben, zu dessen prominentesten Anhängern Tom Cruise zählt. Wie Mitch McDeere ist Cruise in eine Organisation hineingeraten, deren wahrer Charakter auf den ersten Blick kaum und auch auf den zweiten nur schwer zu erkennen ist. Anders als Mitch McDeere hat Cruise den Weg nach draußen noch nicht gefunden. Wie es scheint, hat er ihn nicht einmal gesucht.

Auf einer anderen Ebene wäre THE FIRM beinahe so etwas wie ein Neubeginn für ihn gewesen. Cruise wollte den Film selbst inszenieren. Das gestattete man ihm nicht, doch der Schauspieler, der inzwischen sein Regiedebüt bei einer Fernsehserie absolviert hat, wird zweifelsohne schon bald auch als Regisseur von sich reden machen.

In zwölf Jahren drehte er 16 Filme, mehr als die Hälfte davon waren Riesenhits. Als Cruise anfing, gaben sich junge Burschen wie er, die keine Schauspielausbildung und nur wenig Lebenserfahrung vorzuweisen hatten, dafür aber über jede Menge Ehrgeiz und Enthusiasmus verfügten, in Hollywood die Klinke in die Hand. Es waren die *brat-pack*-Zeiten: Neue »Stars« schienen vom Fließband zu kommen, und für Neulinge war es ungewöhnlich leicht, Hauptrollen zu ergatttern und Spitzengagen zu kassieren. Viele dieser Talente sind inzwischen verschwunden, andere halten sich wacker. Zum Superstar aber hat es nur Cruise gebracht, als einziger Schauspieler seiner Generation steht er heute ganz oben.

Cruise kann zurückblicken auf eine Zusammenarbeit mit vielen der wichtigsten zeitgenössischen Regisseure – Francis Ford Coppola, Ridley Scott, Martin Scorsese, Barry Levinson, Ron Howard, Rob Reiner, Sydney Pollack. Er kann zurückblicken auf eine Zusammenarbeit mit vielen der versiertesten Schauspieler – Paul Newman, Dustin Hoffman, Robert Duvall, Jack Nicholson, Gene Hackman. Seit Cruise bei seinen Projekten mitreden darf, umgab er sich fast immer mit Hollywoods Spitzenkräften. Dies ist unter anderem Ausdruck davon, wie sehr Cruise am Austausch, am Lernen, am eigenen Reifeprozeß interessiert ist. Er kann auch zurückblicken auf eine – nicht immer geradlinige – Entwicklung vom Sonnyboy zum ernstzunehmenden Schauspieler, vom Teenager-Idol zum Charakterdarsteller.

Das vorliegende Buch zeichnet diese Entwicklung nach, es beschreibt und analysiert Cruise' bisheriges Schaffen in chronologischer Folge. (Auch um das leidige Scientology-Thema wird es in einem Kapitel gehen.) Dafür scheint dies genau der richtige Zeitpunkt zu sein, denn es ist sehr gut möglich, daß Cruise' Karriere von nun an eine neue Richtung nehmen wird; möglicherweise ist

THE FIRM der zweite große Einschnitt in seiner Laufbahn nach TOP GUN, mit dem er den endgültigen Durchbruch schaffte. Wenn sein Stern in der näheren Zukunft nicht zu sinken beginnt – wofür es keinen Hinweis gibt –, dann ist dieses Buch die Beschreibung und Analyse der wahrscheinlich »frühen« Phase von Cruise' Karriere. Man darf schließlich nicht vergessen, daß der Mann erst 31 ist, sich also in einem Alter befindet, in dem Kollegen wie Paul Newman und Dustin Hoffman gerade ihre ersten Erfolge feierten.

Frank Schnelle
Berlin, September 1993

Born on the Third of July

»Im Grunde habe ich nie länger als anderthalb Jahre in einem Haus gelebt. Ich bin nie ins Kino gegangen, weil ich zu sehr mit Packen beschäftigt war.«

(Tom Cruise über seine Kindheit)

Aus heutiger Sicht erscheint er wie ein wahres Glückskind. Beinahe problemlos schaffte er, noch als Teenager, den Einstieg ins Filmgeschäft, und danach ging alles sehr schnell. Nicht einmal fünf Jahre benötigte Tom Cruise, um vom Nobody zum Superstar zu avancieren, nicht einmal 25 war er, als alle Welt ihn vergötterte und er ganz selbstverständlich siebenstellige Gagen kassierte. Sein berühmtes Lächeln, immer wieder als *»million-dollar smile«* charakterisiert, strahlt Selbst- und Siegessicherheit aus; es verrät nichts von all den Qualen und Entsagungen, den Enttäuschungen und Schicksalsschlägen, die Cruise während seiner Kindheit und Jugend ertragen und hinnehmen mußte. Er war in der Tat alles andere als ein Glückskind; vielmehr erscheint diese Zeit im Rückblick wie eine lange, endlose Pechsträhne. Aber vielleicht waren es gerade die Erfahrungen in der Schule des Lebens, die es Cruise später so leicht machten: In seinen Filmen überzeugt er immer dann ganz besonders, wenn seine Figuren von unten kommen und sich ihren Aufstieg mit aller Kraft erarbeiten müssen.

Geboren wurde Thomas Cruise Mapother IV am 3. Juli 1962 in Syracuse im Staate New York. Sein Vater Thomas III, ein Absolvent der University of Louisville in Kentucky, arbeitete als Elektroingenieur und versuchte sich nebenbei als Erfinder; Tom hat ihn einmal als »komplex, künstlerisch begabt und ungewöhnlich intelligent« beschrieben. Die Mutter, Mary Lee, war eine tatkräftige und gesellige Frau mit einer Leidenschaft fürs Theater. Tom kam als drittes Kind der Mapothers zur Welt: Seine Schwestern Marian und LeeAnn waren zum Zeitpunkt seiner Geburt drei und zwei Jahre alt. Zwei Jahre später wurde seine dritte Schwester Cass geboren.

Der Beruf von Toms Vater brachte es mit sich, daß die Familie nie lange an einem Ort bleiben konnte. »Bis Tom elf Jahre alt war«, schreibt seine Biographin Susan Netter, »hatte er mehr von Nordamerika gesehen, als es die meisten Menschen in ihrem ganzen Leben tun. Er hatte nicht nur in Syracuse gelebt, sondern auch in Louisville, Kentucky (dem Geburtsort seiner Eltern); Cincinnati,

Ohio; St. Louis, Missouri; Wayne, New Jersey; Phoenix, Arizona; sowie Ontario und Ottawa, Kanada.«

»Während ich aufwuchs, hatte ich kaum Freunde«, erinnert sich Cruise an das Nomadenleben seiner Kindheit. »Wenn man jedes Jahr umzieht, hat man nur Bekannte, keine wirklichen Freunde. Ich war immer der Neue in der Nachbarschaft, immer der Außenseiter.« Rund zwölf Jahre dauerte die Odyssee der Mapothers; dreizehnmal mußte Tom sich in dieser Zeit an einem neuen Ort zurechtfinden, sich mit neuen Lehrern und Mitschülern arrangieren. Doch damit nicht genug: Schon im Kindergarten stellte man fest, daß Tom, ebenso wie seine drei Schwestern, an Legasthenie litt. Dabei handelt es sich um eine – bis heute noch nicht hundertprozentig erforschte – Lernschwäche, die wahrscheinlich vererbt wird. Cruise über sein Handicap: »Ich wußte nicht, ob bei Buchstaben wie C oder D der Bogen nach links oder rechts gezeichnet wird. Das beeinflußt alles, was man tut – wie man mit Buchstaben umgeht und wie man sie schreibt, wie man Wörter ausspricht und ob man sie versteht. Meine Rechtschreibung war grauenhaft.« So war Tom nicht nur stets der Neue in der Klasse – er war auch immer unter den Langsamsten. Einige seiner Lehrer hielten ihn schlichtweg für zurückgeblieben, andere erkannten zwar, daß er ein Problem hatte, wußten aber nicht, wie sie damit umgehen sollten. Gelegentlich wurde Tom auch in Hilfsklassen gesteckt, in denen er Lesen üben mußte: »Es war furchtbar. Das trennt dich von den anderen und isoliert dich noch mehr.«

Toms Mutter wußte in dieser schwierigen Situation zu helfen. Mary Lee war während ihrer Jugend selbst Legasthenikerin gewesen und hatte sich seitdem zu einer Spezialistin auf diesem Gebiet entwickelt. Zwischenzeitlich hatte sie gar auf professioneller Ebene lernbehinderte Kinder betreut. Da die Legasthenie ihrer vier Zöglinge schon früh erkannt wurde, arbeitete sie geduldig mit ihnen, half bei den Hausaufgaben und tat, was immer sie konnte, um Tom und seine Schwestern durch die lange Reihe von verschiedenen Schulen zu bringen, die sie in raschem Wechsel besuchten. Toms jüngere Schwester Cass hatte von den vieren die größten Probleme. Nach einer Weile aber brachten alle Geschwister ihre Lernschwäche unter Kontrolle. »Heute beeinträchtigt mich meine Legasthenie nicht mehr«, sagt Cruise, »aber sie hat mein Leben geprägt. Während ich aufwuchs, mußte ich ständig Hindernisse überwinden. Das ist so, als ob einem Gott einen hellen Verstand gegeben und dann gesagt hätte: ›Tja, aber du wirst dafür arbeiten müssen!‹ Ich bin ein sehr unruhiger Mensch. Ich setze mir ständig neue Ziele – Ziele, die mich davon abhalten aufzugeben.«

Lange bevor Tom an eine Schauspielkarriere überhaupt nur denken konnte, versuchte er sich bereits in einem anderen künstlerischen Bereich. Ermutigt von seinen Eltern, besonders von Mary Lee, die in jeder neuen Stadt als erstes die lokale Bühne ausfindig machte und gelegentlich auch in Laienspielgruppen mitwirkte, versuchte er sich an schauspielerischen Darbietungen und kleinen Theaterstücken, die er im Kreis der Familie vorführte. Besonders gut soll er im Imitieren von Zeichentrickfiguren wie Donald Duck und Woody Woodpecker gewesen sein.

Viel wichtiger war in jenen Jahren jedoch eine andere Art der körperlichen Betätigung: Tom fand beim Sport genau die Anerkennung, die ihm im Klassenzimmer versagt blieb. Er war ein regelrechter Allround-Athlet und konzentrierte sich in jeder neuen Stadt auf eine andere Disziplin. Sein Spektrum reichte von Baseball über Basketball bis zu Football, von Tennis über Skilaufen bis zu Eishockey. Beim Ringen, für das seine muskulöse, ein wenig gedrungene Statur ihn geradezu prädestinierte, war er als Teenager so gut, daß er zwischenzeitlich gar mit dem Gedanken an eine Profilaufbahn spielte. Vor allem aber hatte der Sport für Tom die Funktion, ihm den Weg zu seinen Mitschülern zu ebnen. »Ich versuchte mir vorzustellen, wie normale Kinder waren, was gerade ›in‹ war. Der Sport bot mir die Möglichkeit, mich einzufügen. Aber ich war nie der große Modellathlet. Es war einfach eine Möglichkeit für mich, herauszukommen, und auf jeden Fall besser, als zu Hause zu bleiben und Bücher zu lesen. Die verstand ich sowieso nicht.«

Bis 1974, Tom war zwölf, hatte es im Leben des Jungen trotz aller Probleme zumindest einen vertrauten und sicheren Rückzugsort gegeben: die Familie. Doch eines Tages, die Mapothers lebten gerade in Ottawa, riefen die Eltern ihre Kinder zusammen und erklärten, daß sie sich trennen würden. Für Tom und seine Schwestern war dies ein harter, völlig überraschender Schlag; sie konnten es kaum fassen, daß sie fortan ohne ihren Vater leben sollten. Mary Lee zog danach mit den Kindern in ihre Geburtsstadt Louisville. In den folgenden Jahren gab es nur wenig Kontakt zwischen Thomas III und seinen Kindern; er lebte weit entfernt und zahlte keinen Unterhalt.

In Louisville begann für Tom die übliche Routine: Wieder einmal mußte er sich in einer neuen Schule zurechtfinden. Aber plötzlich gab es ganz neue Schwierigkeiten. Cruise: »Es war eine harte Zeit, denn wir hatten nur wenig Geld. Während der Siebziger und in den frühen Achtzigern waren wir immer knapp dran. Mein Vater unterstützte uns nicht. Nach der Scheidung gab es nur noch die vier Frauen und mich. Wir Kinder gingen alle irgendwelchen Jobs nach. Ich mähte für andere Leute den Rasen und trug die Zeitung aus. Meine drei Schwestern arbeiteten in verschiedenen Restaurants, um einen Teil des Geldes für Kleidung und Schulgebühren beizusteuern. Ich trug die Sachen meines Cousins auf. Und meine Mutter hatte drei verschiedene Jobs gleichzeitig.«

Trotz aller Anstrengungen kam die Familie auf keinen grünen Zweig. Zwischenzeitlich war Mary Lee gar auf Sozialhilfe angewiesen. Immerhin aber schweißte diese Phase relativer Armut Tom und die vier Frauen eng zusammen. Später äußerte er sich stolz und voller Bewunderung über die Schwestern und vor allem über seine Mutter; die Familie ging in diesen Jahren gemeinsam durch dick und dünn, und aus dem wenigen, das man hatte, machte man das Beste.

Sein erstes High-School-Jahr verbrachte Tom in einer franziskanischen Klosterschule in Cincinnati. »Religion ist für mich eine sehr persönliche Angelegenheit«, wiegelte der spätere Scientologe ab, wenn ihn Interviewer fragten, ob er damals ernsthaft mit dem Gedanken gespielt habe, Priester zu werden. Eingestandenermaßen gab es für Tom auch sehr weltliche Gründe, den Weg ins Kloster anzutreten: »Wir hatten kein Geld für die Schule, und dort wurde eine gute, kostenlose Ausbildung angeboten. Sie stellten sogar die Kleidung. Zu dieser Zeit litt ich immer noch unter der Scheidung meiner Eltern und suchte nach einer Struktur, nach etwas Beständigem.« Vorübergehend fand der damals 14jährige im strengen Alltag des Priesterseminars den Halt, den er zuvor so sehr vermißt hatte. Das Jahr dort wurde zu einer wichtigen Erfahrung: »Es war hart, aber gut, denn ich war zum erstenmal von zu Hause weg. Meine Schwestern besuchten mich von Zeit zu Zeit und fuhren heulend nach Hause, weil sie mich vermißten. Ich habe in diesem Jahr eine wirklich solide Ausbildung bekommen. Es war mein bestes Schuljahr.« Schon nach wenigen Wochen wurde dem jungen Tom allerdings klar, daß er für das Priesteramt nicht geboren war. An den Wochenenden stahl er sich mit einigen seiner Klassenkameraden davon und traf sich mit anderen Jugendlichen, vorzugsweise mit Mädchen. »Ich merkte«, resümiert Cruise, »daß ich die Frauen zu sehr liebte, um sie für immer aufzugeben.«

Als Tom 17 war, erreichte er die letzte Station seiner rastlosen

Kindheit und Jugend. Mary Lee hatte beschlossen, noch einmal zu heiraten. Die ganze Familie zog ein letztes Mal um, diesmal nach Glen Ridge, New Jersey, die Heimatstadt des neuen Ehemanns und Stiefvaters Jack South, der als Verkäufer in der Kunststoffbranche arbeitete. Dort ging Tom auf seine dritte und letzte High School, und dort war es auch, wo er seine Ringerkarriere begann. Endlich schien Ruhe einzukehren im Alltag des Teenagers: Die Zeit der finanziellen Not war vorbei, die des Herumreisens ebenfalls, und der Sport bot nun fast so etwas wie eine Zukunftsperspektive. Aber der nächste »Schicksalsschlag« stand bereits bevor – wenn auch niemand ahnen konnte, daß es sich dabei eigentlich um eine glückliche Fügung handelte.

Am Vorabend eines Ringkampfes hatte Cruise ein kleines Problem: Er brachte ein Pfund zuviel auf die Waage, um in seiner Gewichtsklasse antreten zu dürfen. Für solche Fälle hatte er eine wirksame Abspeckmethode entwickelt: Er lief zu Hause die Treppe herauf und herunter, um so lange zu schwitzen, bis er das richtige Gewicht erreicht hatte. An jenem Abend aber wurde die Treppe zur Falle. Eine seiner Schwestern hatte ein paar Schulhefte auf einer der Stufen liegen lassen, Tom rutschte darauf aus und stürzte Hals über Kopf die Treppe hinunter. Einige gezerrte Muskeln und eine Bänderdehnung im Knie waren die Folge. Mit dem Ringen war es danach nicht nur fürs erste, sondern für immer vorbei. »Es war furchtbar«, erinnert sich Cruise. »Ich mußte auf Krücken laufen und war vollkommen niedergeschlagen, weil ich in dieser Saison nicht mehr ringen konnte. Um mich zu trösten, schlug mir ein Lehrer vor, für eine Schulaufführung des Musicals *Guys and Dolls* vorzusprechen. Dadurch entdeckte ich erst die Schauspielerei.«

Toms erster Bühnenauftritt war sofort von Erfolg gekrönt. Er erhielt den Part des Nathan Detroit, eine der Hauptrollen des Stücks, und hatte fortan eine neue Aufgabe, in die er all seine Energien investieren konnte. »Plötzlich hatte ich das Gefühl, zum erstenmal genau das Richtige zu tun«, erinnerte sich Cruise später, und einem Interviewer erzählte er: »In den Schulen, die ich besuchte, wurde Sensibilität nicht gerade großgeschrieben. Als der Neue fühlte ich mich oft besonders verletzlich und mußte immer auf der Hut sein, um mich zu schützen. Man saß nicht mit den anderen herum und sagte: ›Gott, was du da gerade gesagt hast, hat mich wirklich verletzt.‹ Das lief eher unter dem Motto ab: ›Yeah, laßt uns ausgehen, Bier trinken und die Sau rauslassen.‹ Ich fand das immer sehr frustrierend. Als ich dann zum erstenmal in einem

Stück mitspielte, die anderen zuschauen kamen und hinterher sagten: ›Wow, wir wußten gar nicht, daß du so etwas kannst‹, fühlte ich mich richtig gut. Das kam nicht nur, weil sie es erkannt hatten, das gute Gefühl kam vielmehr direkt aus meinem Herzen.«

Cruise überzeugte mit seiner Darbietung nicht nur seine Altersgenossen, auch ein Theateragent, der während der Aufführung von *Guys and Dolls* im Publikum saß, war von Toms »natürlichem Talent« angetan. Er riet ihm, es mit einer Laufbahn als Schauspieler zu versuchen, und stellte ihm eine Rolle in einer Dinner-Theater-Produktion des Musicals *Godspell* in Aussicht. Tom war nun nicht mehr zu halten. Ans College hatte er sowieso nie gewollt (eine weitere schulische Ausbildung erschien ihm wegen seiner Lernschwäche wenig erstrebenswert), und nun gab er auch seine Pläne auf, nach der High School erst durch Europa zu trampen und sich dann freiwillig bei der Air Force zu melden (TOP GUN läßt grüßen). Vielmehr kratzte er das Geld zusammen, das er mit verschiedenen Jobs verdient hatte, und konfrontierte seine Eltern mit einem neuen Plan: Er wollte tatsächlich Schauspieler werden. »Er bat uns darum, ihm zehn Jahre Zeit zu geben, in denen er es im Showgeschäft schaffen wollte«, erzählt Mutter Mary Lee. »Tom sagte uns: ›Das ist es, was ich wirklich tun will.‹ Und wir waren beide von ganzem Herzen einverstanden, denn wir waren von seinem gottgegebenen Talent überzeugt. Wir gaben ihm unseren Segen – und der Rest ist Geschichte.«

Ein Überlebenskünstler
setzt sich durch

»Von Franco Zeffirelli hatte ich noch nie gehört.«
(Tom Cruise)

Im Sommer 1980, kurz nach seinem 18. Geburtstag, brach Thomas Cruise Mapother IV von Glen Ridge aus auf, um sich seinen Platz in der (Film-)Geschichte zu erobern. Mit leeren Händen, aber voller Illusionen zog er ins Mekka des Showbusineß, nach New York. Einen richtigen Künstlernamen hatte er ja schon: Fortan nannte er sich, knapp und eingängig, Tom Cruise. Der Weg zum Erfolg aber war, wie bei den meisten hoffnungsvollen Schauspielaspiranten, zunächst steinig und hart. Cruise hatte nichts anderes erwartet: »Ich bin ein Überlebenskünstler. Ich hatte mir immer selbst helfen müssen, also beschloß ich, jede Arbeit anzunehmen, die ich kriegen konnte – Kellnern, Tische abräumen, Lastwagen entladen. Wann immer ich abgebrannt war, fand ich etwas Neues.«

Sein erstes Engagement bekam der junge Idealist schon sehr bald. Er spielte tatsächlich eine kleine Rolle in *Godspell,* jenem Musical, auf das ihn der Theateragent in Glen Ridge aufmerksam gemacht hatte. Tom setzte sich gegen 500 Mitbewerber durch und kam bei den Produzenten so gut an, daß extra für ihn eine weitere Gesangsnummer geschrieben wurde. Viel Geld konnte er aber weder mit diesem Stück, das in Bloomfield, New Jersey, aufgeführt wurde, noch bei den experimentellen Produktionen verdienen, bei denen er – weit jenseits vom Broadway – gelegentlich mitwirkte.

Zunächst wohnte Cruise in Manhattan mit einem Freund zusammen, um sich die Miete zu teilen. Später bekam er einen Posten als Hilfskraft des Hausmeisters in einem Gebäude Ecke 86. Straße und Amsterdam Avenue. »Die Leute riefen mich manchmal mitten in der Nacht an und sagten: ›Meine Heizung geht nicht‹«, erzählt er. »Und ich sagte dann: ›Meine verdammte Heizung geht auch nicht‹ – und legte den Hörer auf.« Kein Wunder, daß Cruise die Stelle nicht lange behielt.

Tagsüber besuchte er Schauspielklassen oder nahm an Workshops teil und studierte Stellenanzeigen – immer auf der Suche nach sogenannten *open-call auditions* (Vorsprechtermine, bei denen jeder »Schauspieler« auch ohne Einladung erscheinen und sein Glück versuchen kann). Glück hatte Cruise in dieser Phase kaum, was seinem Optimismus allerdings keinen Abbruch tat: »Ich hatte das Gefühl, daß die Leute, die mich abwiesen, mir auf lange Sicht helfen würden. Manchmal tut es weh, aber ich bin fest davon überzeugt, daß es Rollen gibt, die man bekommen, und andere, die man nicht bekommen soll. Dafür ergibt sich dann immer etwas anderes.«

An das Kino dachte Tom damals gar nicht. »Ich wollte ein Künstler werden, ein Schauspieler. Ich bewarb mich nur für Theaterstücke. Ich war nur daran interessiert, mir Figuren zu erarbeiten.« Weil es beim Theater nicht so recht klappte, streckte Cruise aber schon bald seine Fühler in andere Richtungen aus. Seine Versuche, in Werbespots unterzukommen, waren jedoch nicht von Erfolg gekrönt (»Sie sagten mir immer, ich sei zu intensiv«), und auch ein erster Flirt mit dem Fernsehen brachte nichts ein: »Einmal flog ich nach Los Angeles, um für eine Fernsehserie vorzusprechen. Ich hatte von nichts eine Ahnung – ich wußte nicht, wie hart so etwas zuging. Ich sprach im Büro dieses Regisseurs vor, der sich unheimlich cool vorkam. Als ich fertig war, wußte ich, daß ich furchtbar gewesen war. Und er sagte: ›Nun gut, wie lange bleiben Sie in Kalifornien?‹ Und ich dachte: ›Wahrscheinlich will er, daß ich noch einmal wiederkomme, um den Text zusammen mit jemand anderem zu lesen.‹ Ich sagte: ›Nur ein paar Tage.‹ Und er antwortete: ›Gut. Sehen Sie zu, daß Sie ein bißchen Farbe bekommen.‹ Ich weiß auch nicht wieso, aber ich fand das damals wahnsinnig komisch. Als ich nach draußen kam, mußte ich so sehr lachen, daß mir die Tränen kamen. Ich dachte: ›Das ist Hollywood. Willkommen, Cruise.‹«

Wie richtig der ambitionierte Jungschauspieler mit seiner Einschätzung lag, daß viele Niederlagen auch etwas für sich haben und früher oder später zu einem Sieg an anderer Stelle führen, sollte sich schon bald herausstellen. Hätte Cruise den TV-Part bekommen, wäre er möglicherweise von vornherein auf wenig verheißungsvolle Fernsehengagements festgelegt worden und in der Schublade »Serienschönling« gelandet. So aber kehrte er nach New York zurück und legte – eher zufällig – den Grundstein für seine Karriere im Filmgeschäft.

Cruise wußte nicht einmal, wen er vor sich hatte, als er für eine kleine Rolle in der Verfilmung des Bestsellers »Endless Love« von Scott Spencer vorsprach. Vielmehr war es für ihn ein Bewerbungstermin unter vielen, als er dem italienischen Regisseur Franco Zeffirelli gegenüberstand, einem Spezialisten für aufwendige Literaturadaptionen, der 1968 mit Giuletta e Romeo (Romeo und Julia) zu Weltruhm gekommen war. Entsprechend unbefangen muß er gewesen sein, denn Zeffirelli soll Cruise' Vortrag nur mit einem knappen »Bellissimo!« kommentiert und den Kandidaten vom Fleck weg engagiert haben.

Den großen Durchbruch bedeutete diese Filmrolle natürlich nicht. Erst nach einer Dreiviertelstunde von Endless Love (Endlose Liebe) ist Cruise zum ersten und einzigen Mal zu sehen – und dann auch nur für 30 Sekunden. Wer sich gerade die Nase putzt, könnte ihn glatt verpassen.

Im Mittelpunkt des Geschehens stehen zwei andere Teenager: Brooke Shields, damals 16 Jahre alt und dank Pretty Baby (Pretty Baby), The Blue Lagoon (Die blaue Lagune) und einer rasanten Model-Karriere schon ein Star, und Martin Hewitt, ein Nobody wie Cruise, der unter 5000 Bewerbern für die Hauptrolle ausgewählt worden war. Die beiden spielen ein junges, unsterblich verliebtes Paar – und der Film gefällt sich in seiner ersten Hälfte vor allem darin, ihre wahrhaft endlosen Liebesszenen zu zelebrieren. Die Tragödie aber ist vorprogrammiert: Der Widerstand der Eltern gegen die allzu freizügige Affäre ihrer Sprößlinge wächst, und schließlich verbietet der eifersüchtige Vater des Mädchens dem jungen »Romeo« für einen Monat das Haus.

Cruise' Figur, so kurz ihr Auftritt auch sein mag, ist für den Plot von entscheidender Bedeutung. Als eine Art unheilbringender Deus ex machina bietet er dem verzweifelten Hewitt einen Ausweg aus dessen Dilemma an – und sorgt so dafür, daß die Geschichte die schlimmstmögliche Wendung nimmt. Am Rande des High-School-Sportplatzes ist Hewitt gerade in ein Gespräch vertieft, als Cruise herangestürmt kommt – mit einem Ball am Fuß. Er verabschiedet sich aus dem Fußball-Match und läuft zu Hewitt herüber. In den paar Sekunden, in denen er zu sehen ist, hat er wenig mehr zu tun, als seinen gutgebauten, muskulösen Körper zu präsentieren: Er trägt Jeans-Shorts und ein knappes Unterhemd, das er auch noch auszieht, und räkelt sich im Gras – *Bellissimo,* sagte Franco Zeffirelli. Als Hewitts Gesprächspartner behauptet, er würde das Haus seiner Freundin anzünden, falls ihm Ähnliches widerführe, mischt sich Cruise in die Konversation ein und erzählt, wie er im Alter von acht Jahren »der jüngste Brandstifter« gewesen sei. Er habe damals ein Haus zunächst angesteckt und dann Hilfe geholt; so sei er schließlich gar als Held gefeiert worden. Während Cruise spricht, verharrt die Kamera auf Hewitt, in

Regisseur Franco Zefirelli mit seinen Endles Love-Stars Brooke Shields und Martin Hewitt

dem es zu arbeiten beginnt. Die Inszenierung betont hier schon, daß es gar nicht um Cruise' Geschichte geht, sondern um das, was sie bei der Hauptfigur auslöst. Der nämlich hat nichts Besseres zu tun, als in der folgenden Nacht tatsächlich das Haus von Shields' Familie in Brand zu stecken, aber anders als in der prahlerisch vorgetragenen Anekdote seines Schulfreundes geht das Gebäude diesmal in Flammen auf. Zwar kommen dabei keine Menschen zu Schaden, doch die »endlose Liebe« wird nun erst recht auf die Probe gestellt: Shields zieht mit ihrer Familie fort, und Hewitt landet für mehrere Jahre in einer geschlossenen psychiatrischen Anstalt.

Ein einziger Drehtag genügte, um Cruise' Szene abzufilmen, und natürlich konnte es ihm nicht gelingen, mit diesem Kurzauftritt besondere Aufmerksamkeit auf sich zu ziehen. Andererseits wäre auch niemand auf die Idee gekommen, ihn für das Scheitern des Films verantwortlich zu machen. ENDLESS LOVE nämlich wurde 1981 von der Kritik einhellig verrissen. »Shields' Gesicht ist so ausdruckslos, daß sie weniger als Objekt der Begierde erscheint, sondern einfach nur als Objekt, und Hewitt ist kaum besser«, schrieb Robert Asahina in *New Leader*. »Die Gefühle, unter denen die beiden Darsteller angeblich leiden, scheinen sie selbst weder empfunden noch sich vorgestellt zu haben. Wahrscheinlich haben sie noch nicht einmal davon gelesen.« Richard Schickel schrieb in *Time,* Regisseur Zeffirelli hielte zu große Distanz zu seinem Liebespaar. »Er ist viel zu sehr damit beschäftigt, die Süße und Schönheit der Affäre darzustellen, und betont nicht genug, was in ihrem Zentrum steht: ein unwiderstehlicher sexueller Magnetismus, der junge Menschen so sehr überraschen kann, daß er sie überwältigt.«

Für Cruise hatte sich die Beteiligung an Zeffirellis lauem Liebesdrama in jedem Fall gelohnt: Sein Agent konnte ihm unmittelbar nach den Dreharbeiten ein weiteres Engagement verschaffen. In TAPS (Die Kadetten von Bunker Hill) sollte er zunächst eine ähnlich kleine Rolle übernehmen wie in ENDLESS LOVE. Doch schon während der ersten Proben wurde Regisseur Harold Becker, ein ehemaliger Fotograf und Designer, der sein Regiedebüt mit THE RAGMAN'S DAUGHTER in England absolviert und in Hollywood THE ONION FIELD (Mord am Zwiebelfeld) und THE BLACK MARBLE (Nieten unter sich/Hollywood Cop) gedreht hatte, auf Cruise aufmerksam. »Er *wurde* zu dieser Figur«, schwärmte Becker, »er erschlug mich geradezu mit seiner Intensität. Deshalb ersetzte ich einen der wichtigeren Darsteller durch ihn. So etwas nenne ich ›Beförderung während der Schlacht‹.«

Für gewöhnlich sehnen Soldaten die Rangerhöhung herbei, und bei Schauspielern dürfte es kaum anders sein. Der junge Cruise aber war mit seinem *bit part* in einem Film, dessen Stars Timothy Hutton, Sean Penn und George C. Scott hießen, vollauf zufrieden: »Ich hatte diese kleine Rolle, und dabei sollte es auch bleiben. Es genügte mir, auf dem Set zu sein und alles zu beobachten, ich lernte sehr viel. Außerdem hatten sie meine Rolle sowieso schon erweitert, weil ich so viele Ideen hatte.« Möglicherweise bekam Cruise Angst vor der eigenen Courage, als Becker ihm die »Beförderung« anbot. Zunächst sträubte er sich gegen die größere Rolle und machte dann einen einigermaßen absurden Vorstoß. Er erklärte den TAPS-Produzenten Stanley und Howard Jaffe, er wolle den Part des David Shawn nur dann übernehmen, wenn der ursprünglich dafür vorgesehene Schauspieler mit diesem Wechsel einverstanden sei. Soviel Nächstenliebe mag vielleicht einen Priester anrühren, im harten Filmgeschäft aber durfte Cruise für diese Haltung kein Verständnis erwarten. Regisseur Becker gab ihm zu verstehen, daß die Rolle so oder so von einem anderen gespielt werden würde, egal, ob Cruise sie akzeptierte oder nicht. Und die beiden Jaffes drückten sich noch klarer aus: Sie stellten den zögernden Jungschauspieler vor die Alternative, entweder die Rolle zu übernehmen oder sich von TAPS zu verabschieden. So schlug Cruise schließlich ein. Co-Star Sean Penn meinte später: »Es war erstaunlich, wie unschuldig und naiv Tom am Anfang der Dreharbeiten zu TAPS war.«

TAPS erzählt die Geschichte einer fatalen Verirrung. Mit Beginn der Sommerferien erfahren die Kadetten der Militärakademie von Bunker Hill, daß ihre Schule nach fast 150jährigem Bestehen nur noch ein weiteres Jahr existieren wird, da das Grundstück vom Staat an eine Immobiliengesellschaft verkauft wurde. Gene-

In voller Montur posieren die Kadetten von Bunker Hill: Tom Cruise, Timothy Hutton und Sean Penn

21

Die Kinder ziehen in den Krieg: Timothy Hutton und Tom Cruise (ganz links) inspizieren ihre Truppe. Rechts außen: John P. Navin Jr., mit dem es in LOSIN' IT ein Wiedersehen geben wird

ral Harlan Bache (George C. Scott), ein Soldat vom alten Schlage und Leiter der Akademie, kündigt Widerstand gegen diese Entscheidung an. Doch bevor er aktiv werden kann, bereitet ein Unfall seiner Laufbahn ein überraschendes Ende. Bei einem Handgemenge zwischen den Kadetten und einigen Jugendlichen aus der Nachbarschaft erschießt er versehentlich einen Jungen und wird anschließend von der Polizei abgeführt. Die Akademie untersteht nun dem ranghöchsten Kadetten, Brian Moreland (Timothy Hutton), für den die Schule seine Heimat und der General ein Vaterersatz ist. Gemeinsam mit seinen Kameraden – sie sind zwischen zwölf und 18 Jahre alt – beschließt er, sich in Bunker Hill zu verschanzen, und verlangt von den Behörden ein Gespräch mit der für den Verkauf des Geländes zuständigen Kommission. Die Kadetten proben fortan den Ernstfall: Bis an die Zähne bewaffnet verteidigen sie ihre Schule gegen die anrückenden (aber nicht angreifenden) Einheiten der Polizei und des Militärs. Je mehr Zeit vergeht, desto offensichtlicher wird jedoch die Sinnlosigkeit der Aktion. Immer mehr Kadetten verlassen Bunker Hill, immer öfter kommt es zu Auseinandersetzungen und Unfällen.

Zur Vorbereitung auf die Dreharbeiten verbrachte Cruise gemeinsam mit den anderen Schauspielern vier Wochen in der Valley Forge Military Academy (wo der Film auch gedreht wurde). Sie sollten den Alltag der soldatischen Ausbildung kennenlernen und sich an den militärischen Drill gewöhnen. Doch dabei ließ Cruise es nicht bewenden. Sein David Shawn sollte der »Hardliner« unter den Kadetten werden, ein junger Kompaniechef, der nichts anderes im Kopf hat als soldatische Ideale. Um diesen Fanatiker so wirkungsvoll wie möglich verkörpern zu können, ließ Cruise sich den Kopf kahlscheren und legte 15 Pfund zu.

Wenn man ihn auf der Leinwand sieht, wird sofort deutlich, warum ihn damals alle Welt immer nur als »intensiv« beschrieb. Eine wandelnde Zeitbombe ist dieser Shawn: ein Kraftpaket voller Wut und Aggression. Den smarten Athleten aus ENDLESS LOVE erkennt man nicht wieder, wenn Cruise seine Brauen drohend zusammenzieht, wenn er die Augen haßerfüllt funkeln läßt, wenn er seinen erstaunlich massigen Körper einsetzt, um sich bei jeder Gelegenheit Respekt bei den Kameraden zu verschaffen. Gewalt braucht er gar nicht anzuwenden, seine bloße Präsenz genügt, um jeden Widersacher einzuschüchtern.

Shawn ist mit Leib und Seele Soldat. »Ich würde mein rechtes Ei für diese Eichenblätter geben«, erklärt er Moreland, nachdem dieser zum Kadettenmajor befördert wurde. Später unterstützt er die Akademierevolte mit allen Mitteln. Einerseits funktioniert er dabei strikt nach den Prinzipien von Befehl und Gehorsam, andererseits nutzt er die Ausnahmesituation, um endlich einmal Krieg spielen zu können. Als eine Abordnung der Soldaten beim Lebensmittelkauf in der Stadt von aufgebrachten Jugendlichen angegriffen wird, zögert er nicht, ein paar Gewehrsalven in die Luft zu feuern, und seine Kompanie instruiert er, jederzeit zum Todesschuß bereit zu sein. Im Plot von TAPS sind dies immer nur Randereignisse, und Shawn spielt im zentralen Konflikt der Geschichte – dem moralischen Dilemma Morelands – auch nur eine untergeordnete Rolle. Aber am Ende, als der Kadettenmajor aufzugeben bereit ist und den Abzug anordnet, ist er es, der das tragische Ende des Belagerungszustandes herbeiführt. Während seine Kameraden schon abrücken, nimmt er von einem Fenster aus das vor dem Tor postierte Militär unter Beschuß – und löst so die Schlacht aus, die der besonnene Moreland gerade verhindern wollte. »*It's beautiful! Man, it's beautiful!*« jubelt der wild um sich feuernde Shawn, als Moreland entsetzt hereinstürzt. Sekunden später kommen beide, Moreland wie Shawn, ums Leben. *Man, it's beautiful:* Michael Dempsey nannte diesen Ausruf in *Film Quarterly* den »triumphierenden Todesschrei des selbstmörderischen Idealismus, in jeder Form«.

Sein erster und bisher einziger Leinwandtod hatte auf Cruise' Karriere durchaus belebende Auswirkungen. Ursprünglich nicht viel mehr als ein Statist, wurde er nun von den Kritikern nicht nur wahrgenommen, sondern hervorgehoben (ebenso wie Sean Penn, der Shawns sensiblen Gegenspieler verkörperte). Ansonsten aber erntete TAPS wenig Lob. *Variety* warf dem Film sein »Schneckentempo« vor, und oftmals wurde er, wie beispielsweise im *Monthly Film Bulletin,* als »*rightwing movie*« abgetan. Solchen Urteilen lag, wie so oft, das Mißverständnis zugrunde, alle Filme, die im soldatischen Milieu spielen, identifizierten sich automatisch mit militärischer Scharfmacherei. Daß TAPS gerade dies nicht tut, erkannte zum deutschen Kinostart Hans-Dieter Seidel in der *FAZ:* »Was man als seine Ausgewogenheit schmähen könnte, ist die Qualität dieses Films. Er bezieht nicht eindeutig Stellung im Sinne der Grundsätze eines amerikanischen Präsidenten wie Reagan beispielsweise, sondern er beschreibt einen Lernprozeß. Im Rückblick erweist es sich als geschickt, daß Becker den Zuschauer lange Zeit im ungewissen ließ, daß er den Anschein erweckte, er habe keine Bedenken gegen die Grundsätze der vorgeführten Kadettenausbildung. Um so wirkungsvoller nämlich funktioniert am Ende der Prozeß des Nachdenkens.«

Obwohl TAPS von der Kritik eher verhalten aufgenommen wurde, spielte der Film im Winter 1981/82 in den amerikanischen Kinos rund 20 Millionen Dollar ein. Das war für derart schwere Kost ein beachtliches Ergebnis. Cruise war danach voll im Geschäft. Zum Jubeln war ihm dennoch nicht zumute, denn nun galt er als *heavy* und Fiesling. »Nach TAPS hieß es plötzlich: ›Okay, da haben wir ja einen wunderbaren psychopathischen Killer‹«, erinnert sich Cruise. »Mir wurde praktisch jeder Horrorfilm angeboten und alles, worin ein jugendlicher Killer eine Rolle spielte – wirklich furchtbares Zeug.«

Eine Komödie, so schien es, kam da gerade recht. Cruise sprühte zwar nach der Lektüre des Drehbuchs zu LOSIN' IT (Die Aufreißer von der High School) nicht gerade vor Enthusiasmus, immerhin aber bot ihm der Film die Gelegenheit, seine sanftere Sei-

»Dieser Typ ist ein Killer«: David Shawn (Tom Cruise) nutzt eine Fahrt in die Stadt, um einmal richtig Krieg zu spielen

te zu präsentieren. Außerdem kam das Engagement einer weiteren Beförderung gleich: Der Part des Woody war fast schon eine Hauptrolle, denn Cruise wird im Vorspann als erster Darsteller genannt, und seine Figur ist in dem Ensemble-Ulk der Primus inter pares.

Damit allerdings sind die Vorteile, die LOSIN' IT Cruise einbrachte, auch schon aufgezählt. Sein Ausflug auf das Terrain von Babyspeck und Fleischklößchen endete mit einem Ausrutscher, zumindest in kommerzieller Hinsicht. Die Kritik nahm den Film gar nicht erst zur Kenntnis, und das Publikum ignorierte ihn. Erst ein paar Jahre später, als er vom amerikanischen Fernsehen ausgestrahlt wurde, erfreute er sich langsam wachsender Beliebtheit; Cruise nannte ihn einmal »meinen Kabelfernseh-Klassiker«.

Für den ersten seiner beiden Flops braucht Cruise sich dennoch nicht zu schämen. LOSIN' IT will nicht mehr sein als ein flotter, leichter Spaß, ein anspruchsloser Jux über die sexuellen Eskapa-

LOSIN' IT: Jackie Earle Haley, Tom Cruise und John Stockwell sind auf dem besten Wege, in Tijuana ihre Unschuld zu verlieren

den dreier Teenager, und gemessen an dem, was in diesem Genre für gewöhnlich verbrochen wird, kann der Film sich durchaus sehen lassen. Regisseur Curtis Hanson, eigentlich ein Thriller-Spezialist, der sich Jahre später mit BAD INFLUENCE (Todfreunde) und THE HAND THAT ROCKS THE CRADLE (Die Hand an der Wiege) als einer der interessantesten zeitgenössischen Hollywood-Regisseure erwies, erzählt die Geschichte eines Teenager-Quartetts. Woody (Cruise), Dave (Jackie Earle Haley) und Spider (John Stockwell) machen sich, begleitet von ihrem ein paar Jahre jüngeren »Finanzier« Wendell (John P. Navin Jr., der auch schon in TAPS mit von der Partie gewesen war und sich erst auf Cruise' Anraten für diesen Film beworben hatte), gen Süden auf, um für eine Nacht in der mexikanischen Grenzstadt Tijuana ordentlich auf die Pauke zu hauen und, wie es der Originaltitel bereits andeutet, ihre Unschuld zu verlieren (der Arbeitstitel des Films lautete dagegen »Tijuana«). Den obligatorischen Bordellbesuch bringen die drei gleich am Anfang hinter sich (der kleine Wendell wird dazu verdonnert, das Auto zu bewachen); anschließend treten sie von einem Fettnäpfchen ins nächste, werden in Schlägereien und Verfolgungsjagden verwickelt und geraten auch noch an einen habgierigen Polizisten, der auf neunmalkluge amerikanische Touristen gerade gewartet hat. Interessant an dem hektischen und turbulenten, oftmals auch sehr albernen Treiben ist, daß der Film das Verhalten seiner Protagonisten keineswegs gutheißt: Immer wieder wird ihr Denken und Handeln als dumm und naiv entlarvt, immer wieder erweisen sich die Einheimischen, über die die US-Boys nur Vorurteile im Kopf haben, als cleverer – und anständiger. Nach dem durchtrainierten Sportler (ENDLESS LOVE) und dem bulligen Kraftpaket (TAPS) verblüfft Cruise in der Rolle des Woody mit neuem Outfit und einer ganz und gar anderen Erscheinung. Schlank und fast ein wenig schlaksig ist er, verhalten und gebremst wirken seine Bewegungen. Die Unsicherheit des Teenagers bringt er so überzeugend zum Ausdruck, daß man – hätte man ihn nicht zuvor völlig anders agieren sehen – sich fast fragen könnte, ob da ein junger Akteur Schüchternheit *spielt* oder ob ihn schlichtweg die Anwesenheit der Kamera hemmt.

Woody ist ein Korrektiv zu dem aggressiven Spider und dem prahlerischen Dave, ein braver Junge, der den Macho-Trip zwar mitmacht, sich aber eigentlich unwohl dabei fühlt. Im Bordell kneift er in letzter Sekunde, schämt sich aber dafür und wagt es nicht, Spider von seinen Widerständen gegen diese Art von Liebe zu erzählen. Aber da ist auch noch Kathy (Shelley Long), eine frustrierte Ehefrau, die auf dem Hinweg irgendwie im Auto der vier Freunde gelandet ist und sich in Tijuana scheiden lassen will. Kathy und Woody haben kein Verständnis für die hysterische Amüsierlaune der anderen, und so wenden sie sich von ihnen ab und einander zu. Was als zurückhaltendes Trösten beginnt, endet mit einem Schäferstündchen im Hotel, und so darf auch Woody sich am Ende des Abenteuers als richtiger Mann fühlen.

Den Mißerfolg von LOSIN' IT nannte Cruise später »die schlimmste Erfahrung meines Lebens«. Daß die wenigen Kritiken, die überhaupt erschienen, den Film als »geschmacklose Komödie« oder als *teen sexploitation* abtaten, nahm er sich damals sehr zu Herzen. »Filme wie diesen werde ich nicht mehr drehen«, erklärte er, »diese Erfahrung hat mir wirklich die Augen geöffnet. Sie hat mir gezeigt, wie vorsichtig man sein muß, wenn man sich entscheidet, wobei man mitmachen wird. Auch wenn man das Gefühl hat, daß aus einem Drehbuch etwas Gutes werden kann, muß man sich alle Elemente des ganzen Projekts genau ansehen. Wer ist der Regisseur? Wer produziert? Ich habe gelernt, daß ich mir ganz genau anhören muß, was jeder der Beteiligten zu sagen hat, bevor ich mich entscheide.«

An anderer Stelle ärgerte Cruise sich öffentlich über seinen »unfähigen Agenten«, der ihm die Rolle aufgedrängt habe. Außerdem fehlte ihm in dieser Phase der nötige Halt: »Mein Leben war nicht ausgefüllt. Es war sehr schwer, herauszufinden, wohin ich mich wenden und was ich tun sollte – alles sehr unstet.«

Aber wie immer, wenn Tom Cruise eine negative Erfahrung gemacht hatte, schöpfte er daraus auch neue Energie. Mit LOSIN' IT hatte er in doppelter Hinsicht »seine Unschuld verloren«. Jetzt mußte sich etwas ändern.

Schau mir in die Augen, Kleiner: Shelley Long und Tom Cruise in LOSIN' IT

Verhandlungen im Gefängnis: Shelley Long, Tom Cruise und Henry Darrow

Ende 1981 traf Cruise deshalb zwei Entscheidungen, die den weiteren Verlauf seiner Karriere entscheidend bestimmen sollten. Erstens zog er, zumindest vorübergehend, nach Los Angeles. Von der »TAPS-Connection« wurde Tom mit offenen Armen aufgenommen. Mit seinen Kollegen Timothy Hutton und Sean Penn hatte er sich während der Dreharbeiten zu seinem zweiten Film schnell angefreundet, und nun lebte er fürs erste bei den Penns. »Das waren ziemlich wilde Zeiten«, schmunzelte er später. Zweitens verabschiedete er sich nicht nur von New York, sondern auch von seinem Agenten. In L. A. ließ er sich fortan von der Agentin Paula Wagner vertreten, die für die Creative Artists Agency (CAA) arbeitete. Die beiden waren sich einig, daß es für Tom in naher Zukunft nicht ums schnell verdiente Geld gehen sollte. Er setzte andere Prioritäten: »Ich sagte mir: ›Ich muß mit guten Leuten und guten Regisseuren arbeiten und dazulernen.‹«

Gesagt, getan. Als Cruise davon erfuhr, daß Francis Ford Coppola beabsichtigte, den Roman »The Outsiders« für die Leinwand zu adaptieren, war er sofort Feuer und Flamme. Er faßte sich ein Herz und sprach bei dem Regisseur vor: »Ich ging direkt zu Francis und sagte: ›Sehen Sie, es ist mir ganz egal, welche Rolle Sie mir geben, ich will einfach mit Ihnen zusammenarbeiten. Ich will auf diesem Set dabeisein und zuschauen.‹«

Anfang der achtziger Jahre zählte Francis Ford Coppola zu den wichtigsten und mächtigsten Männern in Hollywood. Nicht mehr als vier Filme hatte er in der vorangegangenen Dekade inszeniert, aber deren Erfolge, in ästhetischer wie kommerzieller Hinsicht, hatten ausgereicht, um ihm einen Platz im Pantheon des amerikanischen Kinos zu sichern. Mehr als zehn Millionen Dollar hatte er persönlich mit den beiden GODFATHER(Der Pate)-Filmen und APOCALYPSE NOW verdient, rund die Hälfte davon – 6,7 Millionen Dollar – investierte er 1980, um sich einen Wunschtraum zu erfüllen: Er erwarb die Hollywood General Studios, benannte sie in Zoetrope Studios um und wollte fortan unabhängig von den Hollywood-Majors Filme produzieren, die von Youngsters ebenso inszeniert werden sollten wie von Veteranen wie Michael Powell, die anderswo keine Chance mehr erhielten. Coppolas Tage als Filmmogul aber waren bald gezählt: Bei der Produktion des hochartifiziellen Liebesfilms ONE FROM THE HEART (Einer mit Herz), der mit einer neuartigen, überaus kostspieligen Aufnahmetechnik gedreht wurde, verkalkulierte sich Coppola gründlich. Das Budget mußte während der Dreharbeiten auf damals schwindelerregende 25 Millionen Dollar verdoppelt werden, und als dieser Summe bei der Kinoauswertung kaum mehr als eine Million Dollar an Einnahmen gegenüberstanden, war es mit Zoetrope schon wieder vorbei. Coppola mußte das Studio verkaufen.

Fünf Produktionen – darunter auch HAMMETT von Wim Wenders – entstanden unter Coppolas kurzer Regentschaft. Zum Sujet des letzten Films aus dieser Reihe, der Coppolas zweite Regiearbeit unter dem Banner des eigenen Studios werden sollte, kam der Hasardeur völlig unverhofft. Am 21. März 1980 nämlich schickte Jo Ellen Misakian, Bibliothekarin der Lone Star School aus Fresno County, ein Päckchen an Coppola. Der Inhalt: eine Taschenbuchausgabe des Romans *The Outsiders* von S. E. Hinton, ein Brief, der den Regisseur aufforderte, das Buch zu verfilmen, da er nach einer Umfrage an der Schule als der dafür bestgeeignete Mann auserkoren worden war, sowie eine Liste mit 78 Unterschriften, die dieses Ansinnen bekräftigen sollte. »Meiner Ansicht nach«, schrieb Frau Misakian, »bilden unsere Schüler einen repräsentativen Querschnitt der Jugend Amerikas. Jeder, der das Buch gelesen hat, egal mit welchem ethnischen oder ökonomischen Hintergrund, unterstützt dieses Projekt voller Enthusiasmus.«

Coppola, der die ungewöhnliche Sendung nach New York geschickt bekam, war zumindest nicht abgeneigt. Er gab seinem Produzenten Fred Roos das Buch zu lesen, und als dieser Zustimmung signalisierte, war man sich einig, daß THE OUTSIDERS als Zoetrope-Projekt in Frage kam. Zu dieser Zeit aber steckten Coppola und Roos mitten in den Vorbereitungen zu ONE FROM THE HEART, so daß noch nicht darüber entschieden wurde, wer bei der Verfilmung Regie führen sollte – Coppola dachte zunächst nicht daran, diese Aufgabe selbst zu übernehmen. Roos besuchte die Autorin Susie Hinton in ihrer Heimatstadt Tulsa, Oklahoma, und erwarb die Option auf den Roman; den Preis dafür handelte er von 5000 auf 500 Dollar herunter.

Bei den jugendlichen Lesern erfreuten sich die Romane von S. E. Hinton damals ungeheurer Beliebtheit. »The Outsiders« hatte die junge Autorin (ihr voller Name lautet Susan Eloise) im Alter von 15 Jahren geschrieben und darin autobiographische Erfahrungen verarbeitet. Zwei Jahre später, 1967, erschien das Buch bei Viking Press und trat einen erstaunlichen Siegeszug an: Vier Millionen Exemplare wurden allein in den USA bis 1980 verkauft, außerdem wurde es in sieben Sprachen übersetzt. Mit ihren seinerzeit außergewöhnlich realistischen Werken revolutionierte Hinton den Jugendroman, doch trotz ihres Erfolges und trotz der Tatsache, daß ihre Bücher in den amerikanischen Schulen bald zur Pflichtlektüre zählten, dauerte es bis Ende der siebziger Jahre, ehe Hollywood auf sie aufmerksam wurde. Dann allerdings kam alles auf einen Schlag: In kaum mehr als einem Jahr verkaufte Hinton die Verfilmungsrechte an sämtlichen ihrer bis dahin vier Romane. TEX (Regie: Tim Hunter) kam als erster in die Kinos, gefolgt von THE OUTSIDERS, RUMBLE FISH, den zu drehen sich Francis Ford Coppola auf dem Set von THE OUTSIDERS spontan entschloß und dazu in bewährter Roger-Corman-Tradition einen Großteil der anwesenden Schauspieler und Techniker weiterbeschäftigte, und schließlich THAT WAS THEN ... THIS IS NOW (Lose Control; Regie: Christopher Cain).

Als sich der Mißerfolg von ONE FROM THE HEART abzuzeichnen begann, beschloß Coppola, THE OUTSIDERS selbst zu inszenieren. Er habe damals, erklärte er später, vor der Alternative gestanden, sich entweder ganz aus dem Filmgeschäft zurückzuziehen oder nun erst recht weiterzumachen: »Das letzte Zoetrope-Projekt THE OUTSIDERS hatte gewisse finanzielle Aussichten. Ich wußte damals schon, obwohl die Reaktion auf ONE FROM THE HEART nur einen Tag alt war, daß ich drei Monate später in den größten finanziellen Schwierigkeiten sein würde, in denen ich je gesteckt hatte. Anstatt mich darum zu sorgen, begann ich mit einer neuen Arbeit, denn das, was mich am ehesten retten konnte, war eine Steigerung der Produktion. Auch war gerade der Zeitpunkt gekommen, wo vieles von der elektronischen Ausrüstung und den Experimenten, in die wir investiert hatten, sich allmählich auszuzahlen begann.« Coppola erinnerte sich seiner Tage als Betreuer von Jugendferiencamps und stellte sich vor, daß ein ausschließlich mit jugendlichen Schauspielern, fernab von Hollywood gedrehter Film ihm ein ähnliches Vergnügen bereiten würde. Anfang 1982 flog er nach Tulsa und veranstaltete dort zunächst Workshops mit den jungen Darstellern, die sich für THE OUTSIDERS beworben hatten. Tom Cruise war mit von der Partie, als Coppola in einer Turnhalle in Tulsa den kompletten Film durchspielen ließ und die Proben mit modernster Videotechnik aufnahm. Am Ende dieser Prozedur stand eine Besetzungsliste, die sich wie ein Lexikon aus Hollywoods *brat-pack*-Zeiten liest; Coppola stellte damit sein Talent unter Beweis, potentielle Stars schon früh zu erkennen – und auch damit wandelte er auf den Spuren Roger Cormans.

C. Thomas Howell und Ralph Macchio erhielten die Hauptrollen, außerdem kamen Matt Dillon (der innerhalb von zwei Jahren in drei Hinton-Verfilmungen mitwirkte), Patrick Swayze, Rob Lowe, Emilio Estevez und, natürlich, Tom Cruise zum Einsatz. Sie spielten allesamt *greasers,* Kinder und Jugendliche aus armen, oftmals zerrütteten Familien, die im Tulsa des Jahres 1966 mehr schlecht als recht über die Runden kommen. Erwachsene und die Schule haben in ihrem Alltag keinerlei Bedeutung; als *greaser* streunt man durch die Gegend, klaut hier und da was zu essen oder ein paar Dosen Bier, schläft auf Baustellen und schlägt sich herum mit den *socs* (eine Abkürzung für *socials,* weshalb der Gang-Name auch wie »soshes« ausgesprochen wird – allerdings nicht in der deutschen Synchronisation, in der die sozial Höherstehenden phonetisch paradoxerweise zu »socks« – Socken – degradiert werden). Die *socs* kommen aus dem gehobenen Mittelstand, tragen feine Popperkleidung und fahren große Autos. (Diane Lane und Leif Garrett spielen zwei aus dieser Clique.) Der Film erzählt die Geschichte zweier junger *greasers*, die bei einer nächtlichen Auseinandersetzung in Notwehr einen *soc* erstechen, aufs Land fliehen und später zu Helden werden, indem sie einige Kleinkinder aus einem brennenden Haus retten. Anschließend kommt es zu einem Kampf zwischen *greasers* und *socs*, den die *greasers* gewinnen. Dieser Erfolg kann jedoch nicht darüber hinwegtäuschen, daß die soziale »Ordnung« kaum jemals aus dem Gleichgewicht geraten wird: Wer unten ist wie die *greasers*, der bleibt auch unten.

Coppola, der die düstere Urbanität Tulsas mit warmen Goldtönen nostalgischer Landschaftsaufnahmen kontrastiert, faßte die Es-

Wie ein Lexikon der brat-pack-*Generation: Patrick Swayze, Emilio Estevez, Ralph Macchio, Matt Dillon, C. Thomas Howell, Rob Lowe und Tom Cruise posieren für ein Publicity-Foto zu* THE OUTSIDERS

senz des Films folgendermaßen zusammen: »Wenn man einen Sonnenuntergang bewundert, so tut man das im Bewußtsein, daß er schon im Sterben begriffen ist. Ähnlich verhält es sich auch mit der Jugend: In dem Augenblick, in dem sie ihre Perfektion erreicht hat, fühlt man bereits die Einflüsse wirken, die sie zerstören werden. THE OUTSIDERS spielt in einem solchen ganz besonderen Augenblick im Leben all dieser Jungen. Diesen Moment wollte ich einfangen; ich wollte diese jungen Straßentypen nehmen und ihnen heroische Dimensionen verleihen.«

Nachdem Tom Cruise seine – vergleichsweise kleine – Rolle erhalten hatte, machte er sich voller Enthusiasmus an die Arbeit. Um seinen *greaser* Steve Randle so glaubwürdig wie möglich zu gestalten, ließ er sich die Krone eines Schneidezahns entfernen (den er Jahre zuvor beim Hockey eingebüßt hatte), verbrachte zahllose Nachmittage im Kraftraum und ließ sich eine Tätowierung auf seinen durchtrainierten Bizeps zeichnen (im Film sieht man ihn nur mit Jeans-Weste und bloßen Armen). Während der sechswöchigen Drehzeit soll er stets mit pomadisiertem Haar herumgelaufen sein und angeblich auch aufs Duschen verzichtet haben, um sich wie ein »echter« *greaser* zu fühlen. Das dürfte im übrigen ganz im Sinne Coppolas gewesen sein, der die *Socs*-Darsteller in komfortablen Hotels, die *greasers* dagegen in billigen Absteigen einquartierte, um seine jungen Schauspieler das »soziale Gefälle« ganz konkret spüren zu lassen. Kein Wunder, daß die Aggressivität der *greasers* auf der Leinwand so authentisch wirkt.

Betrachtet man nur die endgültige Schnittfassung des Films, so wirken die Akribie, mit der Cruise seine Rolle vorbereitete, und der Enthusiasmus, mit dem er sie dann interpretierte, fast ein wenig übertrieben. In nur fünf Szenen ist er zu sehen, und zumeist hat er dabei nicht mehr zu tun, als im Hintergrund herumzusitzen. Eine einzige Großaufnahme ist ihm vergönnt, und die ist Teil einer Kamerafahrt entlang der Gesichter der kampfbereiten *greasers* vor der großen Schlußkonfrontation. Eine Figur kann Cruise als Steve Randle, der bei seinem ersten Auftritt als Tankwart eingeführt wird, nicht entwickeln; nur in zwei Momenten macht er durch seine physische Präsenz auf sich aufmerksam: einmal, als er sich beim Armdrücken als unbezwingbar erweist, und dann später, als die Gang sich siegessicher auf den Weg zur großen Schlacht macht und Randle übermütig einen Salto rückwärts von der Motorhaube eines geparkten Wagens aus vollführt.

Dennoch war Cruise stolz, in THE OUTSIDERS mitgewirkt zu ha-

Zwei, deren Rollen zu großen Teilen der Schere zum Opfer fielen: Tom Cruise und Rob Lowe in THE OUTSIDERS

ben: »Ich war erst 19 und hatte die Gelegenheit, mit Francis Ford Coppola und Schauspielern wie Matt Dillon, Rob Lowe und Emilio Estevez zusammenzuarbeiten. Wir hatten eine tolle Zeit. Außerdem liebte ich den Roman. Und ich bekam die Chance, Susie Hinton kennenzulernen, was wundervoll war. Ich habe diese Erfahrung genossen – es war eine Erfahrung, die mich weitergebracht hat. Nach LOSIN' IT war das wie eine frische Brise.«

An anderer Stelle hat Cruise eingeräumt, daß seine Rolle ursprünglich um einiges wichtiger war als das, was schließlich von ihr übrigblieb. Gestört habe ihn das nicht. Tatsächlich wurde die Zehn-Millionen-Dollar-Produktion vor ihrem Start im März 1983 mehrfach umgeschnitten, und es waren in erster Linie die von Rob Lowe und Tom Cruise verkörperten Figuren, die weitgehend der Schere zum Opfer fielen. Viel geholfen haben Coppola diese Veränderungen nicht. Der Film wurde vom größeren Teil der Kritik verrissen,

35

und auch an den Kinokassen schnitt er mit einem Einspiel von gut zwölf Millionen Dollar eher bescheiden ab. Unter den jugendlichen Hinton-Fans aber erfreute er sich großer Beliebtheit und avancierte bei seiner Videoauswertung nachträglich zum Hit.

Für Coppola genügte dieses Ergebnis, um seinen Kopf fürs erste aus der Schlinge zu ziehen. Cruise bewunderte die Haltung seines Regisseurs: »Francis geht Risiken ein, und ich respektiere ihn sehr. Das ist es, was ich während meiner Karriere tun will – Risiken eingehen.«

Joel allein zu Haus

»They say that money
Can't buy love in this world
But I'll get you a half-pound of cocaine
And a sixteen-year-old girl
And a great big long limousine
On a hot September night
Now that may not be love
But it's all right«

(Randy Newman)

Exakt zwei Jahre, nachdem sich Tom Cruise auf den Weg nach New York gemacht hatte, markierte THE OUTSIDERS den Endpunkt der ersten Phase seiner Karriere. In vier Filmen hatte er sein Talent als versierter Nebendarsteller unter Beweis gestellt (in LOSIN' IT war es fast schon eine Hauptrolle gewesen) und dabei eine erstaunliche schauspielerische Bandbreite demonstriert. Den Wandel vom dynamischen Modellathleten zum aggressiven Militärfanatiker hatte er ebenso geschmeidig vollzogen wie anschließend den vom schüchtern-verhaltenen High-School-Boy zum kraftstrotzenden Bandenmitglied; jede dieser Figuren füllte er hundertprozentig aus, ganz gleich, wie kurz ihre Auftritte und wie gering ihre Bedeutung für den Zusammenhang der Geschichten gewesen sein mögen. Nie wieder war Cruise' Filmographie so abwechslungsreich: Derart krasse Richtungswechsel von stark zu schwach, von gut zu böse, von langsam zu schnell mußte, wollte oder konnte der Schauspieler nicht mehr absolvieren, als er einmal den Sprung nach vorn geschafft und Starstatus erworben hatte.

Davon konnte Cruise natürlich nichts ahnen, als er während der Dreharbeiten zu THE OUTSIDERS nach Los Angeles flog, um sich für die Hauptrolle in RISKY BUSINESS (Lockere Geschäfte) zu bewerben. Das Drehbuch dazu stammte von dem Autor Paul Brickman, der zuvor CITIZENS BAND/ HANDLE WITH CARE (Flotte Sprüche auf Kanal 9) für Jonathan Demme und DEAL OF THE CENTURY (Das Bombengeschäft) für William Friedkin geschrieben hatte und nun erstmals auch Regie führte. Tom war von Brickmans Stil begeistert: »Es war so witzig geschrieben. Die Sätze hatten einen unglaublichen Rhythmus, das Skript schwebte geradezu in meinen Händen.« Nach der Lektüre stand für ihn fest, daß Brickman einen potentiellen Hit geschrieben hatte. »Ich wollte diesen Film unbedingt machen. Es war perfektes Timing. Ich fühlte mich bereit, einen Film vom Anfang bis zum Ende zu tragen.«

Für Brickman aber war Cruise alles andere als der Wunschkandidat. Er hatte ihn bisher nur in TAPS gesehen und auf Cruise' Bewerbung zunächst mit einem Kopfschütteln reagiert. »Dieser Typ soll den Joel spielen?« entrüstete sich Brickman. »Dieser Typ ist ein Killer! Laßt ihn in *Amityville III* mitspielen!« Es war auch nicht gerade hilfreich, daß Cruise zum Vorsprechen in voller *Greaser*-Montur erschien. »Als ich dort ankam, trug ich eine Jeansjacke, hatte diesen abgebrochenen Zahn und öliges Haar. Ich war total durchtrainiert und sprach mit einem Oklahoma-Akzent: *Hey, how y'all doing?* Paul saß nur da und sah mich an. Dann sagte er: ›Laß uns ein wenig lesen.‹ Ich bin nicht besonders gut darin, aus dem Drehbuch vorzulesen. Deshalb fange ich immer mit einer Zeile an und beginne dann zu improvisieren und arbeite mich irgendwie durch die Passage durch. Als ich anfing, wirkten sie, als ob sie jeden Moment ›Okay, vielen Dank‹ sagen würden, aber ich kam ihnen zuvor, indem ich sagte: ›Laßt es mich auf eine andere Weise probieren.‹ Ich fing noch mal am Anfang an und las in einem völlig anderen Stil, und schließlich haben wir das halbe Drehbuch zusammen durchgespielt. Es hat großen Spaß gemacht – wir haben viel gelacht.«

Eine verbindliche Zusage aber konnte Cruise auch nach dieser gelungenen Darbietung nicht mit nach Tulsa nehmen. Er mußte ein paar Tage später noch einmal vom OUTSIDERS-Set an die Westküste fliegen, um den entscheidenden Test zu bestehen: einen gemeinsamen Vorsprechtermin mit Rebecca De Mornay, dem bereits besetzten Co-Star von RISKY BUSINESS. Brickman wollte sich vergewissern, ob die Chemie zwischen den beiden stimmte. Cruise hatte wiederum Startschwierigkeiten, appellierte aber erfolgreich an das Vorstellungsvermögen des Regisseurs: »Ich sagte zu ihm: ›Hören Sie, Sie brauchen ein wenig Phantasie, wenn Sie mir jetzt zuschauen. Für Ihren Film werde ich abnehmen und mir die Haare schneiden lassen. Ich werde jünger aussehen, genau wie ein Schüler aus Chicago.‹«

Am Ende dieses Treffens entschied sich Brickman für Cruise. »Er hatte die richtige Mischung aus Ungestüm und Unschuld«, sagte der Filmemacher über seinen Hauptdarsteller. »Ich wollte nicht nur irgendeinen gutaussehenden Jungen – ich wollte physische Intensität.« Die sollte er bekommen: Cruise, der es sich nun leisten konnte, das Angebot von Francis Ford Coppola abzulehnen, auch

Danach kamen Ray-Bans ganz groß in Mode: Tom Cruise und Rebecca De Mornay machen Werbung für RISKY BUSINESS

in RUMBLE FISH mitzuspielen, bereitete sich fünf Wochen lang in Florida auf den Film vor, joggte jeden Tag und hielt strenge Diät, um rechtzeitig zum Beginn der Dreharbeiten im Juli 1982 sein »Idealgewicht« zu erreichen. Als er 14 Pfund abgenommen hatte, stellte er das Training ein, »um eine dünne Babyfettschicht anzulegen«, denn der Joel aus RISKY BUSINESS sollte kein sportlicher Typ sein. »Er ist ein sehr verletzlicher Mensch«, erklärte Cruise. »Ich wollte nicht, daß er über eine physische Abwehr verfügen würde – absolut keine Muskeln.«

Joel möchte man in der Tat nicht als Siegertyp bezeichnen. Mit Nachnamen heißt er Goodson, und das ist er auch: ein (viel zu) »guter Sohn«. Brav sieht er aus, mit dem glatt gekämmten Seitenscheitel, den weißen Hemden und der rot-weißen Football-Jacke; allzu schüchtern und bescheiden wirkt er im Umgang mit seinen Freunden, und Mädchen kommen in seinem Leben gar nicht erst vor. Joels größte Sünde besteht darin, gelegentlich am Klangregler von Papas Stereoanlage herumzudrehen, ansonsten aber gibt er sich alle Mühe, den Vorstellungen seiner Eltern gerecht zu werden. Deshalb fällt es den Goodsons auch nicht schwer, einmal ohne den Filius in den Urlaub zu fahren und diesen das schicke Chicagoer Vorstadteigenheim hüten zu lassen.

Das hätten sie vielleicht lieber nicht tun sollen, denn so verschaffen sie ihrem Küken die Gelegenheit, endlich flügge zu werden. Am ersten Abend feiert Joel die neue Freiheit noch einigermaßen züchtig: Animiert von einem Glas Whisky-Cola (in einem ziemlich abenteuerlichen Mixverhältnis) und bekleidet mit Hemd, Unterhose und Socken legt er zu Bob Segers *Old Time Rock & Roll* einen wilden Tanz aufs elterliche Parkett. Doch schon in der zweiten Nacht ist es mit den kindlichen Spielen vorbei. Halb angetrieben von seinem Freund Miles (der den verklemmten Joel fortwährend drängt, einfach öfter »Ihr könnt mich alle mal« zu sagen), halb aus freien Stücken läßt er sich eine Prostituierte ins Haus kommen. Die heißt Lana Scharf, und das ist sie auch. Joel, ganz der Gentleman (oder zumindest das, was sich ein Teenager darunter vorstellt), hat sich fein gemacht mit seinem weißen Pullover und dem noch akkurater gekämmten Scheitel. Mit Lana (Rebecca De Mornay) erlebt er seine erste Liebesnacht – und ist am nächsten Morgen in allergrößten Finanznöten. Mit den 300 Dollar nämlich, die Lana selbstbewußt verlangt, kann er nicht dienen. Während er eilig in der Bank eine Aktie zu Geld macht, klaut Lana ein wertvolles Glasei, das Joels Mutter gehört, und verschwindet. Das wiederum kann Joel nicht dulden: Gemeinsam mit Miles

»Old Times Rock 'n' Roll«: Mit dieser Nummer tanzte sich Tom Cruise in die Herzen der Teenager

(Curtis Armstrong) macht er sich auf die Suche nach Lana (und dem Ei) – und gerät in ein Abenteuer hinein, das er sich in seinen gewagtesten Phantasien nicht hätte ausmalen können.

Ehe er sich versieht, hat Joel Lana neben sich im Auto sitzen und muß bei einer rasanten Verfolgungsjagd Guido, ihren wutentbrannten Zuhälter (Joe Pantoliano), abschütteln. Ehe er kapiert, was eigentlich vor sich geht, hat Lana sich schon häuslich bei ihm eingerichtet und auch noch eine Freundin mitgebracht. Und ehe

Joel einen Weg finden kann, irgendwie zur Normalität zurückzukehren, kommt alles noch schlimmer: Ein ausgelassener Abend am See fällt ins Wasser, als der Porsche, mit dem Joel eigentlich gar nicht fahren dürfte, versehentlich samt Joel auf einen Steg rollt, der prompt zusammenbricht und Fahrer und Gefährt in den Fluten versinken läßt.

Nun braucht Joel viel Geld und hat gar keine andere Wahl mehr, als ein Angebot der forschen Lana zu akzeptieren, das ihm zuvor noch reichlich indiskutabel vorgekommen war: Gemeinsam organisieren die beiden eine große »Party« im Haus der Goodsons, zu der Lana alle ihre »Freundinnen einlädt und Joel alle liebeshungrigen Teenager aus der Nachbarschaft – ein Geschäft, das nicht nur riskant ist, sondern auch sehr, sehr einträglich.

Oberflächlich betrachtet zählt RISKY BUSINESS zu den Teenager-Sexkomödien, die Anfang der achtziger Jahre in Hollywood Hochkonjunktur hatten (und tatsächlich weist die Figur des Joel auch einige Parallelen zu Cruise' Woody aus LOSIN' IT auf). Die Komplexität des Drehbuchs mit seinen zahlreichen Bedeutungsebenen und die Virtuosität von Brickmans Inszenierung sorgen jedoch dafür, daß der Film weit hinter sich läßt, was dieses Genre ansonsten hervorgebracht hat.

RISKY BUSINESS beginnt mit einem Blick auf Joels Auge, das hinter einer schwarzen Sonnenbrille nur schwach zu erkennen ist. Die Kamera fährt zurück und zeigt unseren jungen Helden nun in Großaufnahme: ein Teenager mit Ray-Bans und einer Zigarette im Mundwinkel, der in die Kamera schaut und das Publikum direkt anspricht. »Der Traum ist immer derselbe«, erklärt er, und dann sehen wir, welche Phantasien den Jungen plagen: Irgendwie landet er in einem Haus in der Nachbarschaft. Niemand scheint zu Hause zu sein, doch Joel hört Geräusche aus dem Badezimmer. Dort begegnet er einer schönen Frau, die unter der Dusche steht und ihn auffordert, ihr den Rücken abzuseifen. Doch je weiter Joel auf die Frau zugeht, desto mehr entfernt sie sich auf wundersame Weise von ihm. Das stört Joel allerdings nicht: »Aber es ist nur ein Traum, und damit ist alles erklärt.« Als er die Duschkabine schließlich erreicht, hat sich die lockende Sirene in Dampf aufgelöst. Die erotische Phantasie verwandelt sich sodann in einen bizarren Alptraum: Joel befindet sich plötzlich bei der Abschlußprüfung in der High School, hat sich aber um drei Stunden verspätet. Ihm bleiben nur noch zwei Minuten für den gesamten Test. »Ich werde nie aufs College kommen«, seufzt er.

Die beiden zentralen, unmittelbar miteinander verbundenen

Aspekte der Geschichte werden in diesem Traum schon thematisiert: einerseits Joels erwachende sexuelle Begierde, andererseits seine inneren Hemmschwellen und Grenzen, die ihn von der Triebbefriedigung abhalten; Lust ist für ihn ein verbotenes Gefühl, das augenblicklich bestraft werden muß. Alle Abweichung von den (von seinen Eltern vorgegebenen) Normen führt unweigerlich zur Katastrophe, Sinnenfreuden verhindern eine erfolgreiche Karriere. (Bevor Joel sich durchringt, Lana anzurufen, hat er im Wachzustand eine Phantasie, die seinen immer gleichen Alptraum variiert: Er ist gerade im Begriff, mit einem Mädchen zu schlafen, als draußen vor dem Haus ein schwerbewaffnetes Polizeikommando anrückt und das Anwesen umstellt. Per Megaphon wird Joel aufgefordert, »sofort von dem Babysitter herunterzu-

RISKY BUSINESS: In letzter Sekunde bleibt der Wagen stehen, doch als Joel schon glaubt, die Gefahr überstanden zu haben, bricht der Steg zusammen

Lockere Sprüche beim Pokern: Curtis Armstrong, Tom Cruise und Bronson Pinchot in einer frühen Szene aus RISKY BUSINESS

kommen« und sich zu ergeben. Und der Vater des Mädchens droht haßerfüllt, Joels Zukunft ein für allemal zu zerstören.)

Die auf den ersten Traum folgende Exposition nimmt ihrerseits einen großen Teil der späteren Ereignisse vorweg. Nach einer Pokerpartie erklärt der überaus selbstbewußte Miles dem ganz und gar nicht begeisterten Joel, daß dessen sturmfreie Bude in der folgenden Woche ausgiebig genutzt werden müsse: »Dann könn' wir alle mal bei dir!« Präziser könnten die Exzesse, die ein paar Tage darauf unter Joels Regie gefeiert werden, nicht umschrieben werden. In der High School besucht Joel einen Kurs für *Future Enterprisers,* in dem den Schülern die Prinzipien des Kapitalismus eingebleut werden. Da ist von »Wettbewerb, Freihandel, Profitmaximierung« die Rede – und auf genau diesem Gebiet entwickelt sich Joel zum Spezialisten, wenn auch in einer reichlich delikaten Branche. Und wie ein Vorgeschmack auf Joels Halbwelt-Abenteuer wirkt es, wenn ein befreundetes Pärchen Joels Zimmer für ein Schäferstündchen benutzt, während Joel an den Hausarbeiten sitzt, und wenn er sich bei einer Spritztour mit Daddys Porsche auf ein kleines, vollkommen harmloses Wettrennen einläßt, das die spätere, wesentlich ernstere Verfolgungsjagd (Guido ist bewaffnet) bereits vorwegnimmt.

Zweifellos kann man RISKY BUSINESS als perfekt konstruierte Komödie mit einer Spur Tiefgang genießen, als sorgfältig und liebevoll inszeniertes Genrekino. Doch darüber hinaus bietet der Film mindestens eine weitere Lesart an, die erst seinen wahren Reichtum ausmacht und ihm einen wunderbar enigmatischen Charakter verleiht. Vieles nämlich spricht dafür, Joels *gesamte* Erlebnisse als Traum zu begreifen, als Mischung aus Alp- und Wunschtraum. Für diese Interpretation könnte allein schon der Plot des Films als Argumentationshilfe herhalten, so waghalsig und unglaublich erscheinen die Ereignisse, so absurd sind die Verwicklungen, die Joel zunächst in die Bredouille geraten, und so wundersam die Fügungen, die ihn am Ende unbeschadet aus der Geschichte hervorgehen lassen. Das allein aber besagt noch gar nichts, schließlich ist im Kino und besonders in der Komödie alles möglich.

Es ist vielmehr die Inszenierung Paul Brickmans, die das Geschehen so traumhaft wirken (und aussehen) läßt. Etwa, wenn Joel die erste gemeinsame Nacht mit Lana verbringt und während der ersten Umarmung der Wind die Balkontür aufdrückt und trockenes Laub durch das Zimmer wirbelt – da verleiht Brickman der Szene einen übertrieben pathetischen, gänzlich irrealen Charakter. Ein Gefühl seltsamer Schwerelosigkeit vermitteln auch die – über die gesamte Geschichte verteilten, zumeist sehr kurzen – Einstellungen, in denen die Bewegungen plötzlich mittels Zeitlupe eingefroren werden. Das deutlichste Indiz ist jedoch eine filmische Operation (fast) am Ende, die das Geschehen einrahmt und als Klammer funktioniert: die Kamerafahrt auf Joels von einer Sonnenbrille verdecktes Auge zu, die die Kamerabewegung vom Anfang umkehrt. Damit schließt sich ein Kreis, was darauf hindeutet, daß nicht nur das eingangs geschilderte Erlebnis im Badezimmer des Nachbarhauses und der anschließende Schock der verpaßten Prüfung, sondern auch die folgende Handlung ein Traum bzw. eine Phantasie war. Joel steht in dieser Szene im Garten (in der Eröffnungseinstellung wird die Umgebung nicht gezeigt), er trägt dasselbe T-Shirt wie am Anfang und sieht plötzlich wieder genauso schüchtern und unsicher aus wie am Beginn seiner »Reifeprüfung«. Hat er sich zurückverwandelt, um seine Eltern zu täuschen? Oder war der ganze Trip nur ein Hirngespinst?

Die irritierende Vielschichtigkeit von RISKY BUSINESS erkannte *Newsweek*-Kritiker David Ansen zum Start des Films im Juli 1983. Er bezeichnete den Film als »frisch, hypnotisch und sehr sexy. Angetrieben von der fesselnden elektronischen Musik von Tangerine Dream, ist dies eine traumähnliche Version des sexuellen Erwachens eines Jungen, und wie in einem Traum kann sich völlig unerwartet die Stimmung ändern, vom Spaß zum Fieber zum Alptraum. Joel, clever und attraktiv gespielt von Cruise, ist ein erfolgbesessenes Kind der Achtziger.«

Seine erste Hauptrolle meistert Cruise tatsächlich sehr souverän; an Charisma mag es ihm noch fehlen, aber über die nötige Präsenz verfügt er schon. Die Veränderung, die er zuvor von Film zu Film zu absolvieren hatte, gelingt ihm hier, freilich auf wesentlich subtilerem Niveau, innerhalb desselben Films. Schon nach der ersten Nacht mit Lana wird aus dem angespannten, verhalten agierenden Joel ein immer lockerer und zunehmend dreisterer Junge. Bei der Verfolgungsjagd sitzt er am Steuer wie ein jugendlicher James Bond, den Nervenkitzel offensichtlich genießend (während dem zuvor so großspurigen Miles auf dem Rücksitz vor Angst zum Kotzen zumute ist). In der Folgezeit kann Cruise ein beachtliches Repertoire demonstrieren. Ein scheues Lächeln (das wie ein Vorgeschmack auf das berühmte TOP GUN-Lächeln wirkt) bietet er am Morgen nach der zweiten Nacht mit Lana, als er erleichtert feststellt, daß er diesmal kostenlos in den Genuß ihrer Dienste gekommen ist; wutentbrannt, am Rande der Explosion zeigt er sich, als die überaus gleichgültige Schulkrankenschwester ihn vom Unterricht suspendiert; und besonders köstlich ist die Szene am nächtlichen See, in der er nach ausgiebigem Marihuana-Genuß selig lächelnd behauptet, überhaupt keine Wirkung zu spüren – während ihm der Inhalt seiner Eistüte in Strömen über die Hand läuft. Joels inneren Wandel bringt Cruise in erster Linie über Äußerlichkeiten zum Ausdruck: Aus dem braven Eleven wird ein smarter Yuppie mit schwarzem T-Shirt und grauem Jackett, zu dessen selbstverständlichen Accessoires die schwarze Sonnenbrille ebenso zählt wie die qualmende Zigarette. Auch Joels Frisur wird von Szene zu Szene immer schnittiger. Diese Entwicklung erreicht ihren Höhepunkt bei der »Party«, bei der er tatsächlich wie ein lässiger, etwas zu cooler Zuhälter durch die Räume zu schweben scheint, und ist danach rückläufig: Beim Eintreffen der Eltern ist Joel wieder ganz der alte, und dann sieht es so aus, als habe das

Wie ein Vorgeschmack auf TOP GUN: Tom Cruise lächelt in RISKY BUSINESS Rebecca De Mornay an

komplette Abenteuer keinerlei Spuren hinterlassen. Mit einer Ausnahme: Das Glasei, das Joel ganz zum Schluß in artistischer Manier wie einen Football auffangen mußte, hat einen fast unsichtbaren Schaden davongetragen. Cruise selbst hat darauf hingewiesen, daß das Ei als Metapher für Joel angesehen werden könne: »Das Ei hat am Ende einen sehr feinen Sprung, den nur die Mutter sehen kann. Joel kann den Sprung nicht sehen. Ihm ist noch nicht einmal klar, daß er sich verändert hat. Das Ei ist ihr Ei, ihr Baby, es gehört ihr. Und alles, was sie sagt, ohne ihn dabei anzuschauen, ist: ›Joel, da ist ein Sprung in meinem Ei.‹«

Das Ende von RISKY BUSINESS weicht in einigen Punkten von dem ab, was Paul Brickman ursprünglich konzipiert hatte. Im Drehbuch sollte der Schluß des Films wesentlich ambivalenter und weniger versöhnlich sein. So hatte Brickman eigentlich nicht vorgesehen, daß Joel einen Platz an der Universität von Princeton bekommen würde – er sollte am Ende genauso mit leeren Händen dastehen wie am Anfang, aber um eine wichtige Erfahrung reicher. Die Produktionsfirma Geffen Films befürchtete jedoch, dieser Schluß sei nicht kommerziell genug, und ordnete einen Nachdreh an. Cruise: »Wir mußten das Ende ändern, um es unterhaltsamer und kommerzieller zu machen. Zunächst erklärte Paul, daß er den neuen Schluß nicht inszenieren würde. Deswegen sollte ein anderer Regisseur engagiert werden. Dagegen hat Paul verbissen angekämpft. Das haben wir alle getan. Wir liebten den Film so, wie er war. Ich wollte Joel nicht verraten. Schließlich ist es uns, glaube ich, doch gelungen, dasselbe Anliegen zu vermitteln. Joel hat begriffen, daß diese Frau wichtiger ist als Geld. Das wollte ich herüberbringen. Viele Leute, mit denen ich über das Ende des

Wurden nach den Dreharbeiten ein Paar: Rebecca De Mornay und Tom Cruise

Films diskutiert habe, meinen, Joel hätte sich nicht verkauft – andere sagen, er hätte es getan. Es ist ein subtiler Film, man nimmt am Ende mit, was man mitnehmen will. Er hat so viele verschiedene Ebenen.« An anderer Stelle hat Cruise das ursprünglich gedrehte und von ihm bevorzugte Ende beschrieben: »Es war eine große, emotionale Szene in dem Restaurant, nicht die Szene draußen, in der Rebecca sagt: ›Willst du mit zu mir kommen?‹ Sie sitzt auf meinem Schoß in diesem Restaurant, und es endet einfach damit, daß die Sonne im Hintergrund untergeht, sie ihren Kopf an meine Schulter gelehnt hat und ich ihr übers Haar streiche. Ein paarmal geht es mit Schuß-Gegenschuß zwischen uns hin und her, und dann sage ich: ›Ist das Leben nicht großartig?‹ Das war sehr schön, aber sie hielten es für zu sardonisch.«

Trotz (oder wegen) des neuen Finales und trotz einer nur halbherzig geführten Werbekampagne avancierte RISKY BUSINESS im Sommer 1983 zum Überraschungshit. Die Kritiken waren durchweg freundlich, wenn nicht hymnisch, und die Zuschauer kamen in Scharen. 65 Millionen Dollar spielte der Film ein (bei einem Budget von 5,5 Millionen), und Tom Cruise hatte endlich seinen ersten Hit. An Nebenrollen brauchte er nun nicht mehr zu denken – plötzlich war er ein Star.

All the Wrong Movies

»Ein Prominenter ist jemand, der ein Leben lang hart arbeitet,
um bekannt zu werden, und dann eine Sonnenbrille trägt,
um nicht erkannt zu werden.«

(Fred Allen)

Ein paar Wochen nach dem Start von RISKY BUSINESS war Tom
Cruise der *flavor of the month*. Plötzlich rissen sich die Medien um
den neuen Liebling des (jugendlichen) Kinopublikums, alle Welt
wollte wissen, um wen es sich bei dem flotten Sonnyboy handelte,
der da so aufreizend durchs Wohnzimmer getanzt war und anschließend das elterliche Eigenheim in ein Bordell verwandelt
hatte. Nach seinen Zukunftsperspektiven befragt, orakelte Cruise
damals: »Toll wäre es, nur Riesenhits zu drehen, alle paar Jahre
mal den Oscar zu gewinnen, Millionen Dollar für einen Film zu
kassieren, auf den schönsten Flecken der Erde Häuser zu besitzen. Lassen wir den Quatsch. Ich habe noch viel zu lernen. In letzter Zeit habe ich ziemlich viel gedreht. Immer Jungs mit Problemen. Wer weiß, ob ich für die Regisseure noch interessant bin,
wenn ich die Mitte 20 erreicht habe. Mein großes Vorbild ist
jedenfalls Robert De Niro.«
Cruise hätte rund um die Uhr Interviews geben und doch nicht
alle Gesprächswünsche erfüllen können; die bohrenden, oftmals
unverschämten Fragen nach seiner Kindheit, seinem Liebesleben
oder der Scheidung seiner Eltern aber trafen den jungen Star vollkommen unvorbereitet. Nach einer Weile weigerte er sich, weiterhin öffentlich Rede und Antwort zu stehen: »Ich mußte damals
einfach sagen: ›Hört zu, Leute, ich bin einfach noch nicht bereit
für diese Prozedur.‹«
Zwangsläufig lernte Cruise sehr schnell die Schattenseiten der Popularität kennen. Nicht genug damit, daß er kaum noch auf die
Straße gehen konnte, ohne erkannt zu werden. Die Presse begann
nun auch, Gerüchte über ihn zu verbreiten. So wurden ihm alle
naselang – frei erfundene – Affären nachgesagt (etwa mit Cher
oder mit Daryl Hannah), und das, obwohl Cruise im Gegensatz zu
einigen seiner *brat-pack*-Mitstreiter ein eher solides Leben führte.
Es dauerte allerdings nicht lange, bis Cruise den Klatschkolumni-
sten einen tatsächlichen Anlaß zum Tratschen gab. Eine Weile
nach Beendigung der Dreharbeiten zu RISKY BUSINESS imitierte
nämlich das Leben die Kunst: Cruise und seine Filmpartnerin Re-

Pose mit Football: Tom Cruise zur Zeit von ALL THE RIGHT MOVES

becca De Mornay begannen eine Liebesbeziehung, die für die nächsten zwei Jahre anhielt. Den größeren Teil dieser Zeit lebten die beiden in New York zusammen.

Cruise' halb im Scherz formulierter Wunsch, im Filmgeschäft Millionengagen verdienen zu wollen, ging schon bei seinem nächsten Projekt fast in Erfüllung. Für ALL THE RIGHT MOVES (Der rich-

51

tige Dreh) konnte seine Agentin für ihren Schützling ein Salär von rund einer Million Dollar aushandeln – womit Cruise den Sprung in Hollywoods Topverdiener-Riege schon im Alter von 21 Jahren geschafft hatte.

ALL THE RIGHT MOVES wirkt wie die Kehrseite der RISKY BUSINESS-Medaille, wie eine realistische und düstere Variation des betont stilisierten, beinahe märchenhaften Erfolgsfilms. Cruise spielt wiederum einen von Zukunftsängsten geplagten Teenager im letzten High-School-Jahr, aber anders als für den wohlbehüteten, materiell abgesicherten Joel Goodson geht es für Stefen Djordjevic, genannt Stef, um alles oder nichts. Stef lebt in der – fiktiven – Stahlarbeiterstadt Ampipe (gedreht wurde in Johnstown, Pennsylvania), einem von Armut und Tristesse geprägten Ort. Wer dort aufwächst, hat nur zwei Alternativen: Entweder landet man, wie die Väter und Brüder, als Arbeiter im Stahlwerk, oder man packt seine Siebensachen und macht sich davon. Stefs Ziel ist es, eines Tages Ingenieur zu werden, das notwendige Geld fürs College könnte seine Familie jedoch niemals aufbringen. Einen Trumpf aber hat Stef im Ärmel: Er ist das Football-As der Ampipe High, und sollte er im alles entscheidenden Match gegen das Team von Walnut Heights groß aufspielen, könnte ein Universitätsstipendium für ihn herausspringen.

Cruise dürfte es nicht sonderlich schwer gefallen sein, einen Zugang zur Figur des Stef Djordjevic zu finden. Wie Stef kommt auch der Schauspieler aus bescheidenen ökonomischen Verhältnissen, und auch für ihn bot der Sport während seiner Jugend die einzige Möglichkeit, seine unterprivilegierte Position zu kompensieren. »Was mir an Stef gefiel«, sagte Cruise, »ist, daß er wirkliche Ziele hat; er ist ein Mensch mit einem starken inneren Antrieb. Stef reagiert außerdem sehr sensibel auf seine Umwelt – das Stahlwerk, sein Vater und die unbefriedigende Beziehung, die die beiden haben, und die sterbende Industrie, die seinem Vater alle Energie und Hoffnung geraubt hat. (...) Er ist außerdem ein sehr frustrierter junger Mann, und Football dient ihm als Ausweg. Andererseits ist er sehr stark. Selbst wenn alles gegen ihn steht, gibt er nie auf.«

Um sich auf seine Rolle vorzubereiten, verbrachte Cruise vor Beginn der Dreharbeiten zwei Wochen in Johnstown. »Ich spielte Football und lernte ein paar Leute aus der Stadt kennen. Und ich bekam ein Büro, in dem ich mich mit den anderen Schauspielern traf und wir gemeinsam an den Szenen arbeiteten. Es war das erste Mal, daß ich auf dieser Ebene ein gewisses Mitspracherecht

hatte, daß ich mithalf, Probleme zu lösen und Dinge zu ändern.«
Zur Vorbereitung spielte Cruise nicht nur Football (wobei er so
verbissen zu Werke ging, daß er sich einmal eine leichte Ge-
hirnerschütterung zuzog), er absolvierte auch sein übliches Krafttraining, um den Babyspeck des Joel Goodson wieder in Muskeln
zu verwandeln. Darüber hinaus färbte er sich die Haare schwarz.
»Bei jeder neuen Figur«, erklärte er, »muß man auf verschiedene
physische Aspekte achten. Für Stef habe ich meinen Körper wieder aufgebaut. Außerdem habe ich die Sonne aus meinem Haar
herausgenommen. Als ich über Stef nachdachte, den Sohn eines
Stahlarbeiters, der in einer wirtschaftlich darniederliegenden
Stadt aufwächst, wurde mir klar, daß es in seinem Leben keine
Sonne gibt. Sein Leben ist kalt und finster. Sein Haar sollte immer
aussehen, als wäre es naß, niemals frisch.«
Stefen Djordjevic ist in der Tat ein Kämpfer. Cruise läßt die Intensität seiner »härteren« Rollen aufblitzen, wenn Stef vor dem
großen Spiel in voller Montur allein in der Umkleidekabine sitzt

ALL THE RIGHT MOVES: Tom Cruise in voller Montur

und seinen Hinterkopf rhythmisch gegen die Wand schlägt. Der Junge ist hart im Nehmen, das zeigt schon diese leicht masochistische Art der Selbstanfeuerung. Auf dem Spielfeld geht er dann voll zur Sache (alle Szenen wurden ohne Double gedreht), auch wenn es wie aus Kübeln gießt und das Spielfeld sich in einen morastigen Acker verwandelt. Trotz guter Leistung aber verliert das Ampipe-Team in letzter Sekunde: Mit einem unnötigen Wechsel bringt Coach Nickerson (Craig T. Nelson) seine Mannschaft durcheinander und ermöglicht dem Gegner so den entscheidenden Touchdown.

In der Kabine wälzt Nickerson hinterher die Schuld auf einen seiner Schützlinge ab – und auch da beweist Stef Courage: Er widerspricht dem Coach vor der versammelten Mannschaft mit einem wütenden, leidenschaftlichen Plädoyer. Sein ausgeprägter Gerechtigkeitssinn aber bringt ihm nur Schwierigkeiten ein. Der

Ärger nach dem großen Spiel: Tom Cruise und Christopher Penn (Mitte)

»So läuft der Hase«: Regisseur Michael Chapman erklärt Tom Cruise die nächste Szene

Trainer, der Stef zuvor schon nur zu gern in die Mangel genommen hatte, feuert ihn aus dem Team und schwärzt ihn in der Folgezeit bei den Talentsuchern der Universitäten als Rebellen und Hitzkopf an.

Der große Stef wird danach ganz klein. Verzweifelt telefoniert er im ganzen Land herum, immer auf der Suche nach einem College, das ihn vielleicht doch noch akzeptieren möge. Ohne Erfolg. Die *right moves* des Titels kommen in dieser verfahrenen Situation (Nickerson ist nicht bereit, Stefs Entschuldigungen zu akzeptieren) nur von den Frauen. Stefs Freundin Lisa (Lea Thompson), eine begabte Musikerin, stellt gemeinsam mit der Ehefrau des Coachs die Weichen für eine Versöhnung und sorgt so für das Happy-End.

Erst ein Ständchen, dann die erste Liebesnacht: Tom Cruise und Lea Thompson in ALL THE RIGHT MOVES

Zum zweiten Mal hintereinander arbeitete Cruise bei ALL THE RIGHT MOVES mit einem Regiedebütanten zusammen. Michael Chapman hatte zuvor in Filmen wie TAXI DRIVER und RAGING BULL (Wie ein wilder Stier) sein Talent als Kameramann unter Beweis gestellt. Für seinen Erstling wählte Chapman einen nüchternen, ungeschönt-realistischen Erzählstil (die Kamera führte interessanterweise Jan de Bont, der sich später – in Filmen von Ridley Scott, Joel Schumacher oder Steve De Jarnett – in erster Linie mit extrem stilisierten Bildern profilierte). Die Trostlosigkeit des Alltags von Ampipe zeichnet er sehr glaubwürdig (in der hymnischen *Variety*-Kritik hieß es, der Film knistere vor Authentizität), und seine Figuren behandelt er mit Respekt. Dennoch leidet ALL THE RIGHT MOVES unter einem unausgegorenen Drehbuch, das auf alberne Sex-Witzchen im Klassenzimmer ebensowenig verzichtet wie auf eine obligatorische Nacktszene zwischen Stef und Lisa (Cruise sorgte mit seinem Mitspracherecht allerdings dafür, daß es bei dieser einen Szene blieb). Teile der Handlung werden ungenügend oder gar nicht motiviert; so bleibt völlig unklar, was das Spiel zwischen Ampipe und Walnut Heights eigentlich so eminent wichtig macht. Die Sturheit sowohl von Stef als auch von Coach Nickerson ergibt sich kaum aus den Charakteren; sie wird lediglich behauptet. Insgesamt scheitert der Film an seiner Formelhaftigkeit und Inkonsequenz.

Viele amerikanische Kritiker sahen das im Herbst 1983 anders. Sie stimmten weitgehend in das *Variety*-Lob ein und fanden zumeist auch freundliche Worte für den jungen Star. Rex Reed schrieb über Cruise: »Von allen gegenwärtigen Teenager-Idolen ist er der Intelligenteste, der Angenehmste und derjenige, dem man am ehesten zutraut, ein breiteres dramatisches Spektrum in Angriff nehmen zu können. Er ist ein Schauspieler, kein sprechendes Poster. Er kommt ohne Übertreibung, Pessimismus und blutspritzende Gewalt aus und verkörpert seine Rollen glaubwürdig. (...) Indem er selbst all die richtigen Bewegungen macht, zeigt er uns etwas Neues und bereichert die Leinwand um ein positives Image. Mehr kann man nicht erwarten von jemandem, der noch so jung ist.«

Angesichts solcher Lobpreisungen brauchte es Cruise nicht zu stören, daß der Film nur ein bescheidener Erfolg wurde (Einspiel: 24 Millionen Dollar). Kurz nach dem Start von ALL THE RIGHT MOVES hatte er überdies ganz andere Sorgen. Ende 1983 erfuhr er, daß sein leiblicher Vater schwer erkrankt war. Die Ärzte gaben ihm nach einer schweren Krebsoperation nur noch wenig Zeit. Tom hatte ihn seit fast fünf Jahren nicht mehr gesehen; gemeinsam mit seinen drei Schwestern eilte er nun an dessen Krankenbett und söhnte sich mit dem Vater aus. Als Mapother III starb, befand sich sein Sohn bereits in England, wo er seinen nächsten Film drehte: LEGEND (Legende).

Die Vorgeschichte zu dieser Mammutproduktion begann bereits im Jahre 1976, als der Regisseur Ridley Scott THE DUELLISTS (Die Duellisten) drehte. Schon damals spielte der Brite mit dem Gedanken, einen Fantasyfilm über den archaischen Kampf zwischen Gut und Böse zu machen, fand zu diesem Zeitpunkt jedoch noch keinen Einstieg in das Thema. Er inszenierte dann den Science-fiction-Klassiker ALIEN (Alien – Das unheimliche Wesen), behielt aber sein Wunschprojekt im Auge. Er beschäftigte sich ausgiebig mit der einschlägigen Märchenliteratur, darunter die Werke der Gebrüder Grimm, und war sich schon bald darüber im klaren, daß er keinen vorhandenen Stoff adaptieren, sondern ein Originaldrehbuch verfilmen wollte. Per Zufall stieß Scott auf die Bücher des in Montana lebenden amerikanischen Autors William Hjortsberg, der unter anderem die Romanvorlage zu ANGEL HEART verfaßt hat. Scott: »Ich fand heraus, daß Hjortsberg bereits Drehbücher für nicht realisierte Low-Budget-Filme geschrieben hatte. Wir hatten beide dieselben Vorstellungen. Ich wollte etwas, das ein breites Publikum ansprechen würde, nichts Unzugängliches, wie ich es womöglich von einem europäischen Autor bekommen hätte. Als wir uns zum erstenmal trafen, sahen wir uns gemeinsam Cocteaus LA BELLE ET LA BÊTE (Es war einmal) an und begründeten unsere Zusammenarbeit auf der Tatsache, daß wir beide von diesem Film absolut begeistert waren.«

Im Januar 1981, kurz vor Beginn der Produktion von Scotts nächster Regiearbeit BLADE RUNNER, erarbeiteten die beiden in fünf Wochen den Plot zu LEGEND. 15 Drehbuchfassungen und mehr als zwei Jahre später begannen schließlich die konkreten Vorbereitungen. Scott sah sich zunächst in Yosemite, Kalifornien, nach geeigneten Drehorten um, stellte aber fest, daß die künstliche vorzeitliche Welt, die ihm vorschwebte, in der Realität nicht existierte. Deshalb beschloß er, den gesamten Film im Studio zu drehen. Bei der Besetzung seiner beiden Hauptfiguren, der Prinzessin Lili und des Jack O' the Green, suchte Scott nach »zwei Schauspielern, die absolute Unschuld personifizieren« würden. Er entschied sich für die 16jährige, damals vollkommen unbekannte Mia Sara (sie war später unter anderem in FERRIS BUELLER'S DAY OFF, Ferris macht blau, zu sehen) und für Tom Cruise.

»Ridley hatte vor mir nur mit ein paar Leuten gesprochen, als wir uns zum erstenmal über das Projekt unterhielten«, erinnert sich Cruise. »In seinem Büro hingen überall Bilder von Kobolden, Einhörnern und Feen. Mir war gleich klar, daß ich eine andere Welt betreten hatte. Zweieinhalb Stunden lang erklärte mir Ridley den Film, den er drehen, die Geschichte, die er erzählen wollte. Seit fünf Jahren hatte er diesen Film machen wollen. Ich sprach vor, und er sagte: ›Ich will, daß du diesen Film machst.‹ Ich dachte ein wenig darüber nach, wägte alles ab und kam zu dem Schluß, daß es für mich die richtige Sache war.«

Zu diesem Zeitpunkt befand sich LEGEND immer noch in der Entwicklungsphase, und Cruise beteiligte sich nun intensiv an der endgültigen Ausarbeitung des Drehbuchs. Die Verantwortung, eine 30-Millionen-Dollar-Produktion tragen zu müssen, bereitete ihm allerdings gewisse Probleme: »Wenn ich an LEGEND dachte und an die Figur, die ich spielen sollte, wurde ich ziemlich nervös.

Personifizierte Unschuld: Mia Sara und Tom Cruise in LEGEND

Jeder Film ist ein Glücksspiel, und ich hatte bei diesem auch ein gutes Gefühl. Aber meine Angst kam natürlich daher, daß mir dieses Projekt eine große Chance bot. Es war eine völlig andersartige Figur, außerdem mußte ich nach London gehen. Es war klar, daß die ganze Sache ziemlich lange dauern würde. Am Anfang hatten wir kaum ein Drehbuch. Aber ich mag es, Risiken einzugehen – ich will mich den Dingen stellen und tun, wovor ich Angst habe.«

Der Schauspieler bereitete sich mit der üblichen Ernsthaftigkeit auf die Rolle des Jack O' the Green vor, einer Phantasiegestalt, die das durch und durch Gute repräsentieren und die Welt gegen die Mächte der Finsternis verteidigen sollte. Cruise las jedes verfügbare Buch über Märchen und Magie. Er ließ seine Haare bis auf die Schultern wachsen. Und er nahm Jazztanz- und Ballettunterricht, um seine Bewegungen so leicht, flüssig und harmonisch wirken zu lassen wie nur irgend möglich. Da Jack mit sehr wenigen Dialogen auskommen mußte, war für Cruise die Körpersprache noch wichtiger als bei seinen vorangegangenen Filmen.

Die Dreharbeiten zu LEGEND begannen Anfang 1984. In den Londoner Pinewood Studios hatten die Designer und Architekten zuvor 14 Wochen damit verbracht, den imposanten Märchenwald des Films in der riesigen »James-Bond-Halle« des Studios aufzubauen. Cruise war zunächst begeistert von all dem Aufwand, der für diese Produktion betrieben wurde. »Die meisten Filme spielen in der Gegenwart, und wenn man auf dem Set arbeitet, geht man einfach in ein Zimmer hinein«, sagte er. »Bei LEGEND dagegen war es so, als ob man einen Set aus früheren Tagen betreten hätte, aus der Zeit, als sie noch ganze Städte im Studio bauten.«

Die anfängliche Begeisterung aber verflog, als Cruise merkte, daß mit dem immensen Aufwand auch eine andere Arbeitsweise verbunden war. Aus seinen früheren Filmen war er es gewohnt, ganze Szenen am Stück zu spielen. Unter der Regie Ridley Scotts aber bestand seine Aufgabe zumeist darin, sehr kurze Einstellungen zu drehen, zumal es nur wenige Dialogszenen gab, die auf konventionelle Weise geprobt und gespielt werden konnten. Das bedeutete ungeheure Wartezeiten: »Meine Ausdauer und Geduld wurden bei diesem Film wirklich auf die Probe gestellt. Wir brauchten eine Woche, um eine Szene zu drehen, die im Film etwa 30 Sekunden dauert. Manchmal saß ich für anderthalb Wochen in meiner Garderobe – ich wurde jeden Morgen bestellt, mußte bis zum Abend bleiben und *saß einfach nur da*.«

So kann es nicht verwundern, daß die Dreharbeiten sich über fast ein Jahr hinzogen. Hinzu kam nach 16 Wochen ein Unglück, das die Produktion zwar nur ein paar Tage aufhielt, den Produzenten aber doch einen gehörigen Schrecken in die Glieder fahren ließ. Zehn Tage, bevor das Team die Arbeiten in der größten Pinewood-Halle abschließen und in eine kleinere umziehen wollte, brannte während der Mittagspause der Set mit dem gesamten Wald ab.

Cruise saß gerade mit seiner Agentin Paula Wagner beim Lunch, als er von der Katastrophe erfuhr. »Ich stürzte sofort nach draußen, um mir das Ganze anzusehen. Ich begegnete Ridley und sagte: ›Ridley, was machen wir denn jetzt?‹ ›Nun, Tom‹, sagte er,

›ich denke, ich werde jetzt Tennis spielen gehen. Wie wäre es, wenn wir heute abend zusammen essen? Was meinst du?‹«

Scott bewahrte angesichts des Desasters die Ruhe; vielleicht ahnte er auch schon, daß die wahren Probleme erst noch auf ihn zukommen würden. Die aufwendige Postproduction seines Films nahm den größeren Teil des Jahres 1985 ein. Im September erlebte LEGEND bei den Filmfestspielen von Venedig seine Premiere – und erwies sich als katastrophaler Reinfall.

Scott hatte eine Arbeit abgeliefert, die sich in ihrer visuellen Dichte zwar durchaus mit seinem meisterlichen BLADE RUNNER messen konnte, die vollgepackten Bilder vermochten jedoch nicht über die Leere der Geschichte hinwegzutäuschen. Eine amerikanische Kritikerin faßte den Film so zusammen: »Einhorn und Prinzessin werden gefangen, Einhorn und Prinzessin werden befreit, und das ist es auch schon.« Die europäischen Kollegen schlossen sich an. Rudolf Thome beschrieb LEGEND im *Tagesspiegel* als ein »Potpourri von einem guten Dutzend europäischer Märchen und Sagenmotive«, und die *Neue Zürcher Zeitung* konstatierte, Scott schildere »eine von Belanglosigkeiten und Sim-

»Zeigst du mir die Einhörner?« Die Prinzessin becirct in LEGEND den Waldburschen Jack O' the Green

plifizierungen gezeichnete Geschichte ... ohne konsequent durchgezogenen Handlungsablauf«.

Diese Unentschlossenheit kommt besonders in der Charakterisierung des Jack O' the Green zum Ausdruck, einem Helden, der kaum Konturen annimmt. Bei keiner anderen von all den Hauptrollen, die Tom Cruise in seiner bisherigen Karriere gespielt hat, mußte der Schauspieler mit so wenigen Auftritten auskommen, waren seine Möglichkeiten, die Figur plastisch und komplex zu gestalten, derart limitiert.

Jack ist zwar an allen entscheidenden Handlungsmomenten beteiligt – er führt am Anfang die geliebte Lili zu den beiden Einhörnern und verschafft so den Handlangern des Teufels die Gelegenheit, eines der Einhörner zu töten und später das andere mitsamt der Prinzessin zu entführen. Er übernimmt danach auch die Führung des Befreiungskommandos und schafft es schließlich, den Fürsten der Dunkelheit (Tim Curry) zuerst zu überlisten und dann zu töten. Im Lauf der Erzählung aber verschwindet Jack immer wieder für längere Abschnitte aus der Geschichte; Scott ist an seinem künstlichen Märchenwald und an den mit Hilfe von aufwendigen Masken und Spezialeffekten geschaffenen Phantasiegestalten mindestens ebenso interessiert wie an seiner Hauptfigur.

So kann Cruise zumeist nur einen flüchtigen Eindruck von diesem Jack O' the Green vermitteln. Schwungvoll und dynamisch – wie ein Robin Hood im Paradies – bewegt er sich am Anfang: Da springt er aus einem Baumwipfel, landet sicher auf dem Boden und durchstreift leichtfüßig, beinahe tänzerisch den Wald. Mit seinem knappen, blaßgrünen Wams und dem verwegen ins Gesicht hängenden Haar sieht er aus, als sei er tatsächlich ein Teil der Natur – selbst die Sprache der Vögel, die ganz selbstverständlich auf seiner Schulter landen, beherrscht er. Später schließt er sich drei Kobolden an, um die Welt vor der ewigen Dunkelheit zu retten. Gump (David Bennent), ihr Anführer, verschafft Jack eine golden schimmernde Rüstung und ein Schwert, mit dem der unschuldige Junge zunächst gar nichts anzufangen weiß. Nachdem er einer giftgrünen Sumpfhexe damit den Kopf abgeschlagen hat, findet er allmählich das nötige Selbstvertrauen, um es mit dem Satan aufzunehmen. Fortan gebärdet er sich kraftvoll und ritterlich – wie ein König Artus in der Hölle.

In den USA fiel LEGEND schon bei den ersten Previews gründlich durch. Die Produktionsfirma Universal versuchte danach, den Schaden auf dem amerikanischen Markt so weit wie möglich zu begrenzen. Scotts erste Schnittfassung des Films war noch 125 Mi-

Tom Cruise und Mia Sara

nuten lang gewesen, in Venedig lief schließlich eine Schritt für Schritt auf 94 Minuten heruntergekürzte Version, die auch in den europäischen Kinos zu sehen war. Vor dem US-Start, der von November 1985 aufs folgende Jahr verschoben wurde, mußte Scott noch einmal zur Schere greifen: Widerwillig opferte er weitere fünf Minuten, außerdem wurde Jerry Goldsmiths Soundtrack durch die elektronische Musik von Tangerine Dream ersetzt. Aber es nutzte alles nichts: Der Film kam weder bei der Kritik noch beim Publikum an.

Cruise erklärte den Interviewern anschließend, daß er den Mißerfolg von LEGEND zwar bedaure, aber trotzdem zu dem Film stehe. »Bei allem, was ich gemacht habe«, bilanzierte er, »habe ich verschiedene Film- und Schauspielstile ausgewählt. LEGEND war ein radikaler Aufbruch, das lag schon in der Figur begründet. Sie zu spielen war für mich zu diesem Zeitpunkt genau das richtige. Bei meiner Arbeit läuft das nun mal so. Meine Arbeit zeigt, wo ich in emotionaler Hinsicht gerade stehe und was ich über mich herausfinden will. Ich lese viele Drehbücher – viele gute Drehbücher –, aber bei der Auswahl frage ich immer: ›Wo bin ich? Was reizt mich daran? Was will ich ausdrücken?‹ Jedesmal erforsche ich einen völlig anderen Aspekt meiner Persönlichkeit, und mit jedem neuen Film habe ich mehr darüber herausgefunden, wer ich bin und was ich will.«

Cruise Missile

»Warnography«
(Für TOP GUN kreierte Kritikervokabel)

Der Mann strotzt vor Energie. Die Augen stur geradeaus gerichtet, die Schultern nach hinten gezogen, die (stolz)geschwellte Brust nach vorn geschoben – wenn Pete Mitchell die militärische Grundstellung einnimmt, dann wirkt das nicht, als ob er bloß einer soldatischen Konvention gehorche, es sieht vielmehr so aus, als habe er den idealen physischen Ausdruck für seine innere Befindlichkeit gefunden. Wie ein Bollwerk steht er da, mit angespannten Muskeln und bis in die Fingerspitzen konzentriert – und dennoch wirkt er vollkommen unangestrengt, strahlt er eine impertinente Lässigkeit und eine herausfordernde Siegesgewißheit aus.

Cruise spielt diesen Pete Mitchell als unverbesserlichen Optimisten. Keine Regel, die nicht gebrochen, kein Hindernis, das nicht überwunden werden könnte. Pete, nicht umsonst nur *Maverick* genannt, ist Flieger und Soldat. Eigentlich bräuchte er weder Munition noch Geschütze – sein Lächeln ist so entwaffnend, daß damit jeder Kontrahent zur Aufgabe gezwungen werden könnte. Cruise lächelt in allen Variationen, von scheu bis frech. Manche sagen, es sei ein Grinsen.

Wer stets lächelt, kennt weder Ängste noch (Selbst-)Zweifel – oder er kaschiert diese mit seiner permanenten Fröhlichkeit. Pete Mitchell denkt nur daran, der Beste, die Nummer eins zu werden. Darüber verdrängt er die Dämonen der Vergangenheit. Und gebärdet sich im Cockpit seiner F-14 wie ein Hasardeur. So steht er sich immer wieder selbst im Wege.

Cruise gestaltet den Entwicklungsprozeß dieses Piloten als Reise von einem Extrem zum anderen: am Anfang das stürmische »Hoppla, jetzt komm' ich«, dann der Tiefpunkt des »Zutiefst verwirrt und zu Tode betrübt«, schließlich die Rückkehr zum Draufgängertum, wenn auch in einer leicht abgemilderten, gesetzteren Form. Sein wichtigstes darstellerisches Ausdrucksmittel ist dabei sein Gang: forsch und kraftvoll zunächst, steif und angespannt in der Krise und am Ende wieder locker und leichtfüßig. Subtilere Methoden der mimischen oder gestischen Darstellung werden hier gar nicht verlangt. Cruise darf ausgiebig lächeln und später ein wenig böse in den Spiegel starren, insgesamt aber ist

Ein unverbesserlicher Optimist: Tom Cruise in TOP GUN

nicht viel zu sehen von seinem Gesicht: Während der Flugeinsätze bleibt es versteckt hinter Helm und Atemmaske, und in vielen der übrigen Szenen wird es teilweise verdeckt von einer Sonnenbrille, die Cruise sogar aufbehält, wenn er mit bloßem Oberkörper Volleyball spielt. In einem Film, dessen eigentliche Stars Motoren und Maschinen sind, ist schauspielerische Leistung eben nur wenig gefragt.

Die Idee zu TOP GUN (Top Gun – Sie fürchten weder Tod noch Teufel) kam dem Produzenten Jerry Bruckheimer im Jahre 1983, als er im Büro seines Partners Don Simpson die Zeitschrift *California* durchblätterte und auf einen Artikel mit dem Titel »Top Guns« stieß. Darin wurden die besten Piloten der U. S. Navy und ihre Ausbildungsstätte, die Miramar Naval Station in San Diego, vorgestellt. Bruckheimer: »Ich dachte: ›Das sieht ja aus wie STAR WARS (Krieg der Sterne) auf der Erde.‹ Ich zeigte Don den Artikel, der ihn in Windeseile durchlas und dann sagte: ›Wir müssen uns die Rechte daran besorgen.‹«

Gesagt, getan. Das Produzenten-Duo, das zuvor für den Blockbuster FLASHDANCE verantwortlich gezeichnet und mit BEVERLY HILLS COP (Beverly Hills Cop – Ich lös' den Fall auf jeden Fall) den nächsten Hit schon in Arbeit hatte, erwarb eine Option auf den Artikel und machte sich sofort ans Werk. Bereits zwei Monate später präsentierten Simpson und Bruckheimer im Pentagon den versammelten Admiralen der Navy ihre Filmidee, wobei Simpson den Plot mehr oder weniger aus dem Stegreif improvisierte. Die Vertreter der Streitkräfte waren begeistert: Ein spannungsgeladener Actionfilm über die Top-Piloten der Navy würde das Image der Truppe zweifellos mächtig aufpolieren. Sie versicherten den Produzenten, daß sie bei diesem Projekt mit der vollen Unterstützung des Militärs würden rechnen können.

In der Folgezeit recherchierten Simpson und Bruckheimer in der Fighter School in Miramar (von den Piloten nur »Top Gun« genannt), holten sich von Paramount Pictures grünes Licht für die Produktion, beauftragten die Autoren Jim Cash und Jack Epps, ein Drehbuch zu schreiben, und verpflichteten Tony Scott, den Film zu inszenieren. Tony ist der Bruder von LEGEND-Regisseur Ridley Scott, mit dem er gemeinsam die Werbefilmproduktionsfirma RSA betreibt. Er verfügte damals bereits über eine Reputation als versierter Regisseur von Werbespots, sein erster Spielfilm THE HUNGER (Begierde) war allerdings bei Kritik und Publikum durchgefallen.

Scott hatte Tom Cruise bei den Dreharbeiten zu LEGEND in London kennengelernt und sich mit dem jungen Star angefreundet. Nun war er sich mit seinen beiden Produzenten einig, daß Cruise die ideale Besetzung für die Hauptrolle von TOP GUN war. »Schon als wir zum erstenmal in Miramar waren«, erinnert sich Bruckheimer, »noch bevor ein Drehbuch existierte, sagten wir uns: ›Diese Typen sind Tom Cruises.‹« Und Tony Scott ergänzte: »Für mich verfügte er über die richtige Arroganz, im besten Sinne des Wortes.«

Was immer er damit auch gemeint haben mochte – man ließ jedenfalls Cruise, der gerade in London die letzten LEGEND-Szenen abdrehte, das Drehbuch zukommen. Der Schauspieler war interessiert, aber keineswegs begeistert. Er hatte einige Einwände gegen den Plot, besonders die Romanze zwischen dem jungen Piloten und der wesentlich älteren Astrophysikerin erschien ihm wenig glaubwürdig. Er verlangte massive Änderungen: »Es war mir wichtig, daß wir einen Film über Charaktere und über das menschliche Element machen würden, nicht einfach nur einen Kriegsfilm.« Tom wünschte, daß die Betonung »auf der Konkurrenz, nicht auf dem Töten« liegen sollte.

Er machte Simpson und Bruckheimer eine höchst ungewöhnliche Offerte: Für zwei Monate wollte er an der Umarbeitung des Drehbuchs beteiligt sein und mithelfen, die Figur des Pete Mitchell so authentisch wie möglich zu gestalten, und sich erst danach entscheiden, ob er den Part übernehmen würde.

Mit dieser Haltung zeigte Cruise, daß es ihm mit seinem nach der LOSIN' IT-Enttäuschung gefaßten Vorsatz, an Filmen nur noch dann mitzuwirken, wenn ihn wirklich alle Aspekte der Produktion überzeugten, sehr ernst war. Die beiden Produzenten reagierten zwar etwas befremdet, ließen sich aber auf das Angebot ein, schließlich hatten sie dabei nur wenig zu verlieren.

Die Arbeit am TOP GUN-Skript verlief dann zur Überraschung Don Simpsons sehr erfolgreich. »Er war großartig«, äußerte er sich über Cruise. »Tom kam zu mir nach Hause, nahm sich ein Bier, und wir arbeiteten für fünf oder sechs Stunden am Drehbuch. Manchmal spielten wir auch ganze Szenen durch. Dieser Junge schaut sich die Dinge nicht nur aus ein oder zwei Perspektiven an – er kann eine Sache wirklich voll und ganz erfassen und sie aus allen Richtungen betrachten.«

Doch auch nach Ablauf der von ihm selbst gesetzten Frist zierte sich der Wunschkandidat von Simpson und Bruckheimer noch. Erst ein Besuch in Miramar und ein Flug in einer echten F-14 Tomcat verscheuchten die letzten Zweifel. Der Legende nach soll

Regisseur Tony Scott zeigt Tom Cruise, wo es langgeht

Cruise sofort nach der Landung begeistert zum Telefon gelaufen sein, um Simpson anzurufen und ihm mitzuteilen, daß er die Rolle nun wirklich übernehmen wolle. »Diese Jets«, erklärte Cruise später einem Interviewer, »stoßen geradezu durch die Wolken. Das ist sehr sexuell. Der Körper scheint sich dabei zu verformen, die Muskeln spannen sich an, und der Druck läßt das Blut aus dem Gehirn fließen. Man greift nach seinen Beinen und nach seinem Hintern und stöhnt, während der Schweiß nur so herunterläuft. Es ist der reine Nervenkitzel. Ich konnte gar nicht mehr aufhören zu grinsen.«

Als Cruise erst einmal zugesagt hatte, stürzte er sich wie üblich voller Enthusiasmus in die Vorbereitung. Im Frühling 1985 verbrachte er viel Zeit in Miramar, nahm dort am Unterricht teil und »studierte« die echten Top-Gun-Piloten – ihre Art zu sprechen, ihre Bewegungen, ihren Umgang mit den Maschinen. Außerdem hörte er sich Tonbänder von Luftkämpfen an, die während des Vietnamkriegs aufgezeichnet worden waren. In physischer Hinsicht bedeutete der Übergang von LEGEND zu TOP GUN wieder einmal einen radikalen Richtungswechsel. Tom ließ sich einen militärischen Kurzhaarschnitt verpassen, legte Gewicht zu und begann ein umfangreiches Krafttraining, um sich vom zarten Jack O' the Green in den harten Pete Mitchell alias Maverick zu verwandeln.

Gleich in der ersten Szene von TOP GUN erhält Maverick die Gelegenheit, nicht nur sein fliegerisches Talent, sondern auch sein unbändiges Temperament unter Beweis zu stellen. Bei einem Routineflug über dem Indischen Ozean kommt es zu einer Konfrontation zwischen zwei amerikanischen Jets und zwei (sowjetischen?) Migs. Eher spielerisch umkreisen sich die verfeindeten Parteien; allen vier Piloten ist klar, daß es in dieser – sowieso für alle Beteiligten sehr überraschenden – Situation nicht zum Gefecht kommen wird. Maverick nutzt die Gunst der Stunde, um gemeinsam mit seinem Co-Piloten Goose (Anthony Edwards) ein aeronautisches Kabinettstückchen zu absolvieren: Er bringt seine Maschine in Rückenlage, setzt sich genau über eines der gegnerischen Flugzeuge und begrüßt den Piloten aus kürzester Distanz mit ausgestrecktem Mittelfinger, während Goose eine Polaroidkamera hervorzaubert und den verdutzten »Kollegen« fotografiert.

Brenzlig wird es für Maverick und den anderen amerikanischen Piloten Cougar (John Stockwell) erst, nachdem die Migs entsetzt Reißaus genommen haben. Nun nämlich müssen die Amerikaner in der einsetzenden Dunkelheit auf ihrem Flugzeugträger landen. Für Maverick ist das kein Problem, Cougar jedoch steht nach dem »Luftkampf« unter Schock. Obwohl Maverick einen anderslautenden Befehl hat und ihm das Benzin ausgeht, steigt er noch einmal auf, eskortiert Cougar zurück zum Schiff, dirigiert ihn bei der Landung und rettet den Kollegen ebenso wie dessen F-14.

So macht Maverick sich der Befehlsverweigerung schuldig und wird gleichzeitig zum Helden. Zähneknirschend kommandiert ihn sein Vorgesetzter anschließend nach Miramar ab, wo er an der Top Gun einen Fortbildungskurs absolvieren soll; eigentlich wäre Cougar an der Reihe gewesen, doch der hängt nach seinem Blackout die Fliegerei an den Nagel, und Maverick rückt als Nummer zwei nach.

Maverick steht im Ruf, die ewige Nummer zwei zu sein; in flie-

Während der Ausbildung sind sie noch erbitterte Konkurrenten, der Kampf fürs Vaterland schweißt sie jedoch zusammen: Val Kilmer und Tom Cruise in TOP GUN.
Im Hintergrund oben sieht man Rick Rossovich und Anthony Edwards, unten bestaunt Adrian Pasdar die wackeren Helden

gerischer Hinsicht ist er zwar erstklassig, mit seinem Hang zum Risiko und seiner draufgängerischen Art hindert er sich jedoch immer wieder selbst daran, den Sprung nach ganz vorn zu schaffen. In Miramar, beim achtwöchigen Kurs für »die Besten der Besten«, soll das anders werden: Maverick und Goose sind fest entschlossen, den Lehrgang an erster Stelle abzuschließen. Doch auch dort schlägt Maverick immer wieder über die Stränge und muß sich ein ums andere Mal Rügen von seinen Ausbildern anhören. Außerdem schläft die Konkurrenz nicht: Sein Kollege Iceman (Val Kilmer) und dessen Co-Pilot Slider (Rick Rossovich, wie John Stockwell ein Bekannter aus LOSIN' IT-Tagen) brennen ebenfalls darauf, die Top-Gun-Trophäe zu gewinnen.

Mavericks unverschämtes Selbstbewußtsein kommt auch auf einem anderen Gebiet nur zu deutlich zum Vorschein. Schon am ersten Abend in Miramar macht er sich in einer Bar an die wesentlich ältere Charlotte »Charlie« Blackwood (Kelly McGillis) heran – und zeigt dabei alles andere als Kavaliersqualitäten. Seine sexuellen Ambitionen verfolgt er mit demselben sportlichen Ehrgeiz, der seinen gesamten Alltag prägt – er wettet mit Goose, daß er diese Frau noch am ersten Abend herumkriegen werde. Seine Avancen sind dabei durchaus charmant: Gemeinsam mit Goose bringt Maverick vor den versammelten Gästen des Lokals seiner Auserwählten ein Ständchen. Als Charlie ihn freundlich, aber bestimmt abweist, fährt er stärkere Geschütze auf: Er folgt ihr auf die Damentoilette und macht ihr das wesentlich weniger charmante Angebot, es gleich dort miteinander zu treiben. Angesichts dieser Dreistigkeit eher amüsiert als schockiert, weist ihn Charlie auch ein zweites Mal ab.

Am nächsten Tag muß Maverick seine Frechheit bereuen: Im Unterricht wird den Piloten eine kompetente Astrophysikerin angekündigt, und bei dieser Dame handelt es sich natürlich um niemand anderen als um Mavericks verhinderte Kneipenbekanntschaft. Nach der ersten peinlichen Schrecksekunde ist Maverick jedoch sofort wieder obenauf: Prahlerisch berichtet er vom Zusammentreffen mit der Mig – und wirft so einen Köder aus, bei dem Charlie anbeißen muß. Ein paar Tage später zitiert sie ihn in der Hoffnung zu sich nach Hause, Maverick möge ihr ein paar geheime Details des kuriosen Feindkontaktes verraten. Der Pilot denkt aber gar nicht daran; er denkt immer nur an das eine. Einige weitere Tage später, nach ein paar pikanten Zwischenspielen, bei denen sich die beiden wie Katz und Maus umkreisen, ist es dann soweit: Charlie hat sich in Maverick verliebt.

Im Unterricht zeigt sich die Astrophysikerin noch unbeeindruckt von den Anzüglichkeiten des forschen Piloten. Später kommt man sich näher: Kelly McGillis und Tom Cruise in TOP GUN

73

Das Glück ist jedoch nur von kurzer Dauer. Bei einem Übungs-
flug verlieren Maverick und Goose die Kontrolle über ihren Jet
und müssen über dem Meer aussteigen. Goose überlebt den Unfall nicht; Maverick kann nur noch seine Leiche aus dem Wasser
bergen. (Cruise selbst schwebte bei den Dreharbeiten zu dieser
Szene in Lebensgefahr: Er wurde von seinem Fallschirm in die
Tiefe gezogen und konnte erst in letzter Sekunde von einem Ret-
tungsteam vor dem Ertrinken bewahrt werden.) Danach ist es
vorübergehend aus mit der Herrlichkeit des stürmischen Maverick. Charlie mag er nicht mehr sehen, im Cockpit fehlt ihm die alte Spritzigkeit, und die Konkurrenz um die zuvor noch so begehrte Trophäe gibt er kampflos verloren. Erst nach einem Gespräch
mit Commander Metcalf (Tom Skerritt) ist er wieder bereit, wenigstens den Lehrgang abzuschließen. Anstelle der früheren
Bewunderung bringen ihm seine Kollegen jetzt allerdings eher
Mitleid entgegen.

Mitten in die Abschlußfeier hinein kommt dann jedoch der
Marschbefehl: Maverick, Iceman und ein paar andere werden
zum Indischen Ozean beordert, wo eine brenzlige Situation die
Anwesenheit der Top-Piloten der Navy erforderlich macht. Es
gilt, ein manövrierunfähiges amerikanisches Schiff vor dem Feind
zu schützen. Dort findet Maverick zu alter Stärke zurück.
Zunächst nur als Reservepilot eingesetzt, rettet er Iceman in einem spektakulären Luftgefecht vor einer Überzahl von (sowjetischen?) Migs, die diesmal wirklich abgeschossen werden dürfen.
Als gefeierter Held kehrt er, zum Ausbilder befördert, nach Miramar zurück, und nun steht auch einem Happy-End mit Charlie
nichts mehr im Wege.

Den dünnen, oftmals hanebüchenen Plot von TOP GUN monierten
fast alle Kritiker. Einige Rezensenten hielten Tony Scotts aufwendige, während der Flugszenen tatsächlich oftmals atemberaubende Inszenierung für eine Entschädigung. Als »leere Unterhaltung« bezeichnete das Branchenblatt *Variety* den Film; außerdem könnten »im Hintergrund einige sehr bedenkliche politische
Untertöne ausgemacht werden, zumindest von denjenigen, die
sich die Mühe machen wollen, diese wahrzunehmen«.

Daß TOP GUN die Kriegsspiele seiner jugendlichen Helden ver-
herrlicht, wollte Tom Cruise nicht einsehen. »Dieser Film hat
nichts zu tun mit Rambo oder Reagan oder Kriegstreiberei«, erklärte er. »Ich wollte keinen Propagandafilm drehen. Dieser Film
handelt nicht von der F-14; er handelt von den Männern, die die
F-14 fliegen. Diese Typen gehen da rauf, und es ist furchterre-

gend. Sie sitzen nicht da und hoffen auf einen Krieg. Sie lieben das Fliegen. Dieser Film handelt von menschlichen Beziehungen, von Unabhängigkeit, von Verständnis – von Vortrefflichkeit.«

Cruise hatte sich alle Mühe gegeben, dem Drehbuch eine gewisse Tiefe zu verleihen. Auf seine Anregung hin wurde das Vater-Motiv in die Geschichte aufgenommen: Maverick leidet darunter, daß sein Vater, selbst ein Navy-Pilot, im Vietnamkrieg unter mysteriösen Umständen abgeschossen wurde. Erst als Maverick am Ende erfährt, daß sein Vater als Held in einer Schlacht starb, die aus Gründen der Geheimhaltung offiziell nie stattfand, findet er (wieder) zu sich selbst.

Vaterfiguren sollten auch in einigen weiteren Tom-Cruise-Filmen eine nicht unbeträchtliche Rolle spielen, was sicher ein Indiz dafür ist, daß der Schauspieler großen Wert darauf legt, seine eigene schwierige Vaterbeziehung in seinen Filmen zu verarbeiten. In TOP GUN konnte dieses Motiv allerdings weder seiner Figur noch der Story ein ernstzunehmendes Moment verleihen. Das galt auch für die Beziehung zwischen Maverick und Charlie. Noch einmal *Variety*: »McGillis ist mit einem intelligenten und reifen Gesicht gesegnet, das nicht besonders gut zu Cruise' ewigem Grinsen paßt. An seiner Figur gibt es nichts Bedrohliches oder Komplexes zu entdecken.«

Das Publikum aber wollte im Sommer 1986 von solch harten Worten nichts hören und strömte in Scharen in die Kinos. TOP GUN avancierte zu einem der größten Hits des Jahres und spielte weltweit 350 Millionen Dollar ein. Davon profitierte übrigens auch die Navy, die vor einigen Kinos mobile Rekrutierungsbüros einrichtete. TOP GUN mag kein Propagandafilm sein, als Werbung für das Pilotenleben aber funktionierte er allemal. Nun wollten die Männer wirklich so sein wie Tom Cruise, und die Frauen lagen ihm zu Füßen. RISKY BUSINESS hatte ihn drei Jahre zuvor zum Star gemacht. Nun war er ein Superstar …

COMP-6

Balztänze beim Billard

»Als Schauspieler hat er Mut und einen großartigen Instinkt.
Er verfügt über ein physisches Verständnis für seine Figur
– er nimmt seine Szenen buchstäblich in Angriff.«
(Paul Newman über Tom Cruise)

Im September 1984, kurz nach Beendigung der Dreharbeiten zu
AFTER HOURS (Die Zeit nach Mitternacht), erhielt der Regisseur
Martin Scorsese einen Anruf. In den vorangegangenen Monaten
war er mit einer ganzen Reihe von Projekten in Verbindung ge-
bracht worden, darunter DICK TRACY mit Warren Beatty (der
Schauspieler inszenierte den Film 1990 selbst), der Fantasyfilm
»Winter's Tale« und »Gershwin« nach einem Drehbuch von Paul
Schrader. Als nun das Telefon klingelte, änderte sich Scorseses
Zukunftsplanung mit einem Schlag: Paul Newman war am Appa-
rat und fragte, ob Scorsese sich vorstellen könne, eine Fortsetzung
von Robert Rossens THE HUSTLER (Haie der Großstadt) zu inszenieren, in dem Newman 1961 den Billard-Künstler Fast Eddie
Felson gespielt hatte. Scorsese, eigentlich kein Freund von *se-
quels,* bekundete großes Interesse. Das Skript, an dem Newman
während des vorangegangenen Jahres gemeinsam mit einem
Drehbuchautor gearbeitet hatte, gefiel ihm allerdings weniger.
Die Idee, die Pool-Billard-Legende Eddie Felson wieder zum Leben zu erwecken, war nun jedoch geboren. Während der Suche
nach dem geeigneten Zugang zu dieser Figur las Scorsese auch
den Roman »The Color of Money« (1984), in dem »The Hustler«-
Autor Walter Tevis die Lebensgeschichte Felsons fortgeführt hatte. Tevis' Geschichte aber – sie kreist um ein erneutes Duell zwischen Felson und seinem damaligen Gegenspieler Minnesota Fats
– überzeugte Scorsese ebenfalls nicht. Deshalb einigte er sich mit
Newman darauf, nur den Titel des Romans beizubehalten und mit
einem anderen Drehbuchautor noch einmal von vorn zu beginnen.
Scorsese zog Richard Price hinzu, den Verfasser von Romanen
wie »The Wanderers« und »Bloodbrothers«. Price hatte kurz zuvor bereits ein anderes Drehbuch für Scorsese geschrieben, ein
Remake von Jules Dassins Klassiker NIGHT AND THE CITY (Die
Ratte von Soho) aus dem Jahre 1950, ein Projekt, das der fran-
zösische Regiekollege Bertrand Tavernier Scorsese vorgeschla-
gen hatte. Wenn es aber damals eines gab, was der Regisseur von

TAXI DRIVER und RAGING BULL (Wie ein wilder Stier) noch weniger mochte als Fortsetzungen, dann waren es Remakes. Das Drehbuch landete in der Schublade. (1991 gab Scorsese seinen Widerstand gegen Remakes auf und drehte CAPE FEAR, Kap der Angst; ein Jahr später realisierte Irwin Winkler NIGHT AND THE CITY nach dem Price-Drehbuch mit Robert De Niro und Jessica Lange in den Hauptrollen.)

In der Folgezeit erarbeiteten Scorsese, Price und Newman gemeinsam den Plot zu THE COLOR OF MONEY (Die Farbe des Geldes). 25 Jahre nach seinem spektakulären Triumph über Minnesota Fats, der zugleich auch das Ende seiner Pool-Karriere bedeutete, hat es Eddie Felson als Geschäftsmann zu etwas gebracht. Er handelt mit Alkohol und führt ein Leben im Wohlstand. Ein Queue hat er seit seinem Abgang nicht mehr angerührt, dem Billard aber ist er verbunden geblieben, indem er Spieler sponsort – gegen einen nicht unbeträchtlichen prozentualen Anteil an ihrem Gewinn.

Eines Tages wird Eddie in einer Bar auf den jungen Vincent Lauria aufmerksam, dessen außergewöhnliches Talent und ungestümes Temperament ihn an seine eigene Jugend erinnern. In ihm erkennt Eddie einen Rohdiamanten: einen Nobody, dessen Begabung man nur richtig einsetzen müßte, um damit Geld zu verdienen – sehr viel Geld.

Daran ist Vincent jedoch nicht interessiert. Er spielt um des Spielens willen und ist mit seiner bescheidenen Existenz vollauf zufrieden. Erst als Eddie mit Vincents Freundin Carmen, die weitaus reifer und abgebrühter ist als ihr naiver Lebensgefährte, gemeinsame Sache macht und den Jungen mit einer Reihe von Tricks verunsichert, erklärt sich Vincent bereit, bei Eddie in die *hustler*-Schule zu gehen. Die drei machen sich auf den Weg nach Atlantic City, wo ein paar Wochen später ein großes *Nine-Ball*-Turnier stattfinden wird. Bis dahin soll Vincent lernen, daß es beim Pool nicht aufs Siegen, sondern aufs Geldgewinnen ankommt.

Die Ausbildung gestaltet sich zunächst schwieriger als erwartet: Vincent ist kaum in der Lage, Eddies Anweisungen zu befolgen, das Angeben ist ihm wichtiger als das Abzocken. Eddie gerät mehrmals an den Rand der Verzweiflung, mit Carmens Hilfe schafft er es aber schließlich doch, Vincent einzubleuen, daß man oft erst verlieren muß, um am Ende als Gewinner dazustehen.

Allmählich lodert in Eddie die alte, fast schon vergessene Pool-Leidenschaft wieder auf. Vincents Spiellaune treibt ihn dazu, das

THE COLOR OF MONEY: Staunend vernehmen Tom Cruise und Mary Elizabeth Mastrantonio, was ihnen Paul Newman anzubieten hat

Queue selbst wieder in die Hände zu nehmen. Als er bei einer Partie von einem *hustler* hereingelegt wird, fühlt er sich ohnmächtig und gedemütigt; er trennt sich von Vincent und Carmen, wohlwissend, daß er ihnen nun nichts mehr beibringen kann. In der Zeit, die ihm bis Atlantic City noch bleibt, bringt er sich in Form und findet zu seinem alten Sportsgeist zurück. Als er bei dem Turnier schließlich gegen Vincent antritt, spielt er, um zu siegen. Doch der Schüler, inzwischen ganz zum *hustler* geworden, hat seine Lektion gelernt: Er gewinnt gegen den Lehrer, indem er absichtlich verliert. Später überreicht Vincent Eddie freudestrahlend einen Umschlag mit 8000 Dollar – vor der Partie hatte er all sein Geld auf Eddie gesetzt und dann sein ganzes Können aufgeboten, um im Wettkampf so glaubwürdig wie möglich den kürzeren zu ziehen.

Anders als bei ALL THE RIGHT MOVES, LEGEND und TOP GUN war das Drehbuch zu THE COLOR OF MONEY schon fertig, als

79

Den Schalk im Nacken: Vincent muß nicht einmal hinschauen, wenn er die Kugeln einlocht

Tom Cruise dazukam. Paul Newman brachte seinen Namen für den Part des Vincent Lauria ins Gespräch, ein Vorschlag, der Scorsese auf Anhieb gefiel. Newman und Cruise hatten sich gut zwei Jahre zuvor kennengelernt, als Tom sich – erfolglos – für die Rolle des Sohns in Newmans Regiearbeit HARRY AND SON beworben hatte. Newman hatte ihn damals für zu jung befunden. Als man sich nun wiedertraf, begrüßte Newman Cruise mit dem Satz: »Ich habe damals deine Karriere gerettet, Junge.«

THE COLOR OF MONEY wäre mit Sicherheit auch ohne Cruise realisiert worden. Als Scorsese sich jedoch mit dem Jungstar geeinigt hatte, wurde das Projekt in den Augen der Produktionsfirma Touchstone (eine Tochterfirma der Disney-Studios) mit einem Schlag aufgewertet. Die Mischung nämlich bot für jeden etwas: Der Film war eine (wenn auch sehr freie) Fortsetzung eines Klassikers, Regie führte einer von Amerikas besten und anerkanntesten Regisseuren, und vor allem wartete er mit zwei Hauptdarstellern auf, die zwei völlig unterschiedliche Generationen von Kinogängern ansprachen. Als Cruise seinen Vertrag unterzeichnete, war TOP GUN noch nicht angelaufen; der Riesenerfolg dieses Films verhalf THE COLOR OF MONEY natürlich zu noch besseren kommerziellen Chancen. Im Rückblick erscheint es deshalb verwunderlich, daß Scorsese ein eher bescheidenes Budget von nur 14,5 Millionen Dollar zur Verfügung stand (tatsächlich wurde er schneller fertig als geplant und blieb noch 1,5 Millionen darunter) und daß Newman und Cruise sich bereit erklären mußten, auf einen Teil ihres üblichen Honorars zu verzichten, damit der Film überhaupt gedreht werden konnte.

Die wichtigste Anforderung der Rolle des Vincent Lauria bestand für Cruise natürlich darin, sich in einen exzellenten Pool-Spieler zu verwandeln. Anders als Newman, der nur seine für THE HUST-

Na also, es geht doch: Paul Newman und Tom Cruise freuen sich über ein gelungenes Hustler-Kunststück

LER erworbenen Kenntnisse aufzufrischen brauchte, mußte Cruise ganz von vorn beginnen, da Pool nie zu seinen sportlichen Disziplinen gezählt hatte. Er belegte zunächst einen Kurs an der Julian Billiard Academy in New York und übte außerdem, gemeinsam mit Newman, unter Anleitung eines eigens angestellten Trainers. Cruise: »Ich habe monatelang Tag und Nacht trainiert. Als wir über eine Einstellung sprachen, sagte mir Marty: ›Okay, die Kamera wird dir um den Tisch herum folgen, und du mußt alle Kugeln abräumen. Glaubst du, daß du das schaffst, Junge?‹ Ich sagte nur: ›Yeah.‹ Als ich nach Hause kam, hatte ich einen Schweißausbruch nach dem anderen. Also mußte ich wirklich lernen, wie man spielt.«

Die Dreharbeiten begannen Anfang 1986 in Chicago. »Alles, was ich dort in meinem Apartment hatte«, sagte Cruise, »waren ein Bett und ein Billardtisch.« Tom war inzwischen in der Lage, die überaus anspruchsvollen und komplizierten Stöße, die das Drehbuch verlangte, selbst auszuführen. Abgesehen von einem einzigen Stoß spielte er (ebenso wie Newman) sämtliche Billard-Partien so, wie sie auf der Leinwand zu sehen sind. Dem Beginn der Dreharbeiten waren intensive Proben vorausgegangen, bei denen Cruise die Nervosität ablegen konnte, die ihn beim Gedanken an eine Zusammenarbeit mit Größen wie Newman und Scorsese überkommen hatte. »Ich wäre ein Lügner, wenn ich behaupten würde, daß ich total sicher und entspannt gewesen sei«, erklärte er später. »Aber das Drehbuch war so gut geschrieben, und wir hatten ja auch die zweiwöchigen Proben. Für Newman wäre es ein leichtes gewesen, mich nervös zu machen, aber das hat er nicht getan. Er nahm sich wirklich Zeit, um jedem ein gutes Gefühl zu geben – er ist sehr hilfsbereit und großzügig, als Schauspieler wie als Mensch. Wir wurden gute Freunde.«

Vincent Lauria ist Cruise' mit Abstand kindlichste Figur. Selbst die schlichtesten Teenager seiner frühen Filme wirken neben ihm gebrochen und ambivalent. Vincent dagegen ist unschuldig und rein, alles an ihm ist spontan und direkt. Freude drückt sich sofort in breitem Grinsen aus, Wut in heftigen Ausbrüchen und Stolz in pathetischen Auftritten. Nichts steht zwischen ihm und seinen Gefühlen, er kennt weder Taktik noch Berechnung. Dabei ist er so naiv, daß er nicht einmal seinen Mitmenschen taktisches oder berechnendes Verhalten zutrauen würde.

Eddie Felson muß Vincent erst aus seiner Kinderwelt herausholen, bevor er ihn mit auf die Straße nehmen und in die Welt der Erwachsenen einführen kann. »Child World« heißt das Geschäft,

Paul Newman zeigt Tom Cruise, worauf es ankommt. Daß der es nicht so recht begreift, steht ihm ins Gesicht geschrieben

in dem Vincent arbeitet, ein Supermarkt für Spiel- und Kinderwaren. Dort fühlt Vincent sich wohl; seine Arbeitskleidung – ein schwarzes T-Shirt mit dem Aufdruck »Vince« – trägt er auch gern während seiner Freizeit. Dieses Hemd läßt ihn genauso lächerlich erscheinen wie seine Fönfrisur.

Eddie überfordert Vincent, wenn er ihn mit den Regeln des »professionellen« Pools vertraut macht. Vincent ist sich seines Talents zwar durchaus bewußt, es käme ihm aber niemals in den Sinn, etwas anderes damit zu tun, als immer nur sein Bestes zu geben. Erst eine Standpauke Eddies setzt bei ihm eine langsame Veränderung in Gang; weil Eddie mit ihm spricht wie zuvor niemand sonst, akzeptiert er ihn als väterlichen Ratgeber.

Fortan lernt er das Spiel mit den Manipulationen und Tricks. Wie schwer ihm das fällt, zeigt die Tatsache, daß er gelegentlich die selbstinszenierten Täuschungen für die Wahrheit hält. Einmal spielt er in einer Bar, während Felson und Carmen (Mary Elizabeth Mastrantonio) sich als Paar ausgeben und die anwesenden

Gäste dazu animieren, auf Vincent zu setzen. Vincent gerät ganz
außer sich, weil Eddie und Carmen ihre Rolle so überzeugend
spielen – er glaubt danach, die beiden hätten ein Verhältnis. Carmen muß ihm erst erklären, daß auch Hollywood-Schauspieler
nach einer abgedrehten Liebesszene nicht gemeinsam nach Hause gehen; was sie und Eddie getan hätten, sei eben ein Teil des
Jobs.

Vincent hat eigentlich keinen Grund, Carmen zu mißtrauen. Sie
liebt gerade seine Naivität und kindliche Unbefangenheit. Wenn
die beiden am Ende in Atlantic City wieder auftauchen, kann man
Vincents Veränderung an Carmens Gesicht ablesen: Es drückt
Enttäuschung und Ratlosigkeit aus, denn dank Eddies Ausbildung hat Vincent sich zum *hustler* entwickelt – zu einem Mann,
der knallhart pokert und betrügt und nur noch ans Geld denkt.
Carmen ist zur resignierten Beobachterin geworden; ihre Traurig-
keit läßt ahnen, daß Vincent nicht mehr der fröhliche, alberne und
verspielte Partner ist, der er vor und zu Beginn der Reise noch
war.

Diese Wandlung läßt sich natürlich auch – und besonders – an
Cruise' Spiel erkennen. Zum erstenmal in seiner Karriere kann er
hier zeigen, zu welcher Leistung er imstande ist, wenn die Rolle
ihn nur entsprechend fordert und der richtige Regisseur die Anweisungen gibt.

Cruise verkörpert Vincent eindringlich und voller Energie. Neben
der souveränen Gelassenheit Newmans und der unterkühlten
Strenge der Mastrantonio wirkt sein Spiel rast- und ruhelos: ein
Zappelphilipp, der nicht einmal beim Pool innehalten kann. Oft
ist sein ganzer Körper in Bewegung, selbst beim Computerspiel
(neben Pool Vincents zweite große Leidenschaft) geht er in die
Knie, wippt vorwärts und rückwärts und steht von Kopf bis Fuß
unter Strom – wo doch eigentlich ein paar knappe Handbewegun-
gen ausreichten. Auf der Straße sieht man Cruise kaum einmal gehen; er läuft, rennt oder tänzelt. Und in einer »ruhigen« Stunde im
Hotel funktioniert er das Bett in ein Trampolin um. Dazu kommt
das überaus expressive Spiel seiner Hände: Wann immer er redet,
verleihen sie mit weitausholenden, gelegentlich ans Theatralische
grenzenden Gesten den Worten Nachdruck.

Die Höhepunkte von Cruise' Darstellung sind seine Auftritte am
Billardtisch. Dabei läuft er zu ganz großer Form auf, vollführt
»Balztänze eines selbstgewissen Narziß« (Hans-Dieter Seidel).
»Tom Cruise«, schrieb der Kritiker der *Neuen Zürcher Zeitung,*
»versieht Vincent mit der wilden Geschmeidigkeit eines Panthers,

Der eine spielt, der andere sieht zu: Tom Cruise bereitet sich auf das Turnier in Atlantic City vor (oben), in dem er dann überraschend gegen Paul Newman antreten muß

»I'm back«: Paul Newman und Tom Cruise vor ihrer letzten Partie

er schleicht die Kugel mit seinem Stock, der längst zum Speer geworden ist, an, wirbelt ihn nach gelungenem Stoß wie ein Samu-
raikämpfer durch die Luft, verfolgt vom stählern funkelnden
Blick Eddies, dessen maskenhaft unbewegtes Gesicht über diese
Freudentanzrituale und Manifestationen unkontrollierter Lust
am Spiel geblendet erscheint.«
Cruise versteht es nicht nur, Vincents Billard-Exzesse zu darstel-
lerischen Glanzpunkten zu machen, er weiß auch die Unbedarft-
heit und Naivität dieser (wahrlich nicht einfachen) Figur glaubwürdig darzustellen. Nun war es an der Zeit, ihn als wirklichen

Schauspieler zu entdecken. »Den relativen Neuling Cruise katapultiert diese überhaupt nicht zu seinem bisherigen Image passende Rolle mit einem Mal aus dem Ghetto der Teenager-Filme«, schrieb David Ansen in *Newsweek.* »Wer bisher seine Ernsthaftigkeit als Schauspieler anzweifelte, wird diese Haltung überdenken müssen, nachdem er diese Wirbelwind-Vorstellung gesehen hat.« *Variety* stieß kurz vor dem Start von THE COLOR OF MONEY im November 1986 ins gleiche Horn: »Cruise beweist hier all jenen, die bisher daran gezweifelt haben, daß er tatsächlich spielen kann, wenn er mit dem richtigen Regisseur zusammenarbeitet.«

Lob gab es natürlich nicht nur für Cruise. Der Film erwies sich sowohl bei der Kritik (mit wenigen Einschränkungen) wie auch beim Publikum als großer Erfolg; Scorseses intelligente Regie wurde ebenso gelobt wie Michael Ballhaus' furiose Kameraarbeit, die im folgenden Jahr für den Oscar nominiert wurde. Diese Ehre wurde auch Paul Newman zuteil, dem wahren Star des Films. Anders als Ballhaus gewann er die Trophäe. Es war das erste Mal im Lauf seiner langen Karriere.

Cruise hingegen ging leer aus. Als Newman hörte, daß er nicht einmal nominiert worden war, schickte er ihm ein Telegramm, in dem er erklärte, sein junger Co-Star hätte eine Nominierung genauso verdient wie er selbst. »Wenn ich gewinne«, fügte Newman hinzu, »ist es nicht nur mein Oscar, sondern unserer, weil *Du* so gute Arbeit geleistet hast.«

All Shook Up

»It's been raining in my mouth all day
Dripping down to my clothes
My patience it is wearing thin
Got a fire inside my nose
Searching for the truth the way God designed it
The truth is I might drown before I find it«

(Ry Cooder)

Das Jahr 1986 brachte für Tom Cruise den endgültigen Durchbruch. Zwei Hits innerhalb von sieben Monaten vermochten den LEGEND-Mißerfolg mehr als wettzumachen, und damit hatte Cruise nicht nur sein *box-office*-Potential unter Beweis gestellt, es war ihm – dank Martin Scorsese – endlich auch gelungen, die Kritiker von seinem Talent zu überzeugen. Dennoch folgte auf diesen Doppelschlag die erste und bisher einzige Pause in der ansonsten von unbändigem Arbeitswillen geprägten Karriere des Schauspielers. Zwischen der Premiere von THE COLOR OF MONEY und dem Start von Cruise' nächstem Film lagen fast zwei Jahre.

Im Lauf des Jahres 1986 wurden gleich zwei Projekte als seine zukünftigen Filme angekündigt. Da war zunächst BRIGHT LIGHTS, BIG CITY (Die grellen Lichter der Großstadt), eine Adaption des gleichnamigen Romans von Jay McInerny, der die Lebenskrise eines New Yorker Yuppies schildert. Cruise hatte daran zwar Interesse bekundet, den Produzenten des Films seine Mitarbeit allerdings zu keinem Zeitpunkt zugesagt. Einem Interviewer erklärte er: »Ehrlich gesagt habe ich noch nicht einmal ein Drehbuch gelesen. Ich habe darum gebeten, daß man mir eines vorlegt, und bevor ich mit TOP GUN begann, habe ich mich mit Jay getroffen. Wir unterhielten uns über das Projekt und gingen in ein paar Clubs. Der Roman gefiel mir sehr. (...) Es ist aber nicht leicht, daraus ein Drehbuch zu machen. BRIGHT LIGHTS, BIG CITY muß ein sehr stilisierter Film werden. Ich werde ihn nur machen, wenn mir das Drehbuch zusagt.« Das war offensichtlich nicht der Fall: Anstelle von Cruise wurde mit Michael J. Fox der Star aus BACK TO THE FUTURE (Zurück in die Zukunft) besetzt – fehlbesetzt, wie die Kritiker später anmerkten. Regie führte James Bridges, der damit seinen letzten Film inszenierte. Der Regisseur von THE CHINA SYNDROME (Das China-Syndrom) starb im Sommer 1993. Cruise operierte inzwischen von einem Büro auf dem Gelände von Columbia Pictures aus. Er hatte eine kleine Produktionsfirma gegründet, um fortan auch eigene Projekte zu entwickeln. Als nächstes war er für einen Film des britischen Regisseurs James Ivory im Gespräch. Ivory kündigte an, er wolle »An Innocent Millionaire« für United Artists drehen und habe von Cruise bereits eine mündliche Zusage. Danach war von diesem Projekt jedoch nie wieder die Rede – es verschwand in irgendeinem Regal in Hollywood.

In seiner Freizeit begann Cruise, einem neuen Hobby zu frönen. Während der Produktion von THE COLOR OF MONEY hatte sich zwischen ihm und Paul Newman eine enge Freundschaft entwickelt, und Cruise fuhr nun häufig nach Westport, Connecticut, wo Newman seit fast 20 Jahren mit seiner Frau, der Schauspielerin Joanne Woodward, lebte. Tom hatte den 37 Jahre älteren Kollegen schon während der Dreharbeiten bedrängt, ihn in die Welt des Motorsports einzuführen, und dieser Bitte entsprach Newman nur zu gern. Schon seit Ende der sechziger Jahre – als er in WINNING (Indianapolis) mitgewirkt und diesen Film auch koproduziert hatte – ist Newman ein begeisterter Rennfahrer und nimmt an professionellen Wettkämpfen teil. Er gab Cruise eine erste Einweisung und ermutigte ihn, Unterricht zu nehmen. Diesem Rat folgte Tom, besuchte gemeinsam mit TOP GUN-Produzent Don Simpson eine Rennfahrerschule und eifert seither dem Schauspielkollegen nach. Ohne es zu ahnen, hatte Paul Newman damit den Anstoß zu DAYS OF THUNDER (Tage des Donners) gegeben, jenem Rennfahrerfilm, den Cruise drei Jahre später mit dem TOP GUN-Team Simpson, Bruckheimer und Regisseur Tony Scott drehen sollte.

Auch in einer anderen Hinsicht nahm Tom sich seinen väterlichen Freund zum Vorbild. »Er lebt ein normales Leben«, sagte Cruise einmal über Newman. »Er geht verschiedenen Geschäften nach, hat eine Frau und eine Familie. Es tut mir gut, so etwas zu sehen.« In den vorangegangenen Jahren hatte er in Interviews stets abgewiegelt, wenn ihn neugierige Klatschreporter nach seinen Heiratsplänen befragten: Die Ehe, beteuerte er wiederholt, käme für ihn nicht in Frage. Nun aber überraschte Cruise die Boulevardpresse ebenso wie seine Fangemeinde: Am 9. Mai 1987 heiratete er in New York still und heimlich die Schauspielerin Mimi Rogers. Nicht einmal die wenigen geladenen Gäste sollen gewußt haben, daß sie einer Trauung beiwohnen würden. Erst am Tag danach ging die Meldung von der »Traumhochzeit« an die Presse; das Paar war da bereits auf dem Weg nach Los Angeles, wo auf

Mimi Rogers alias Mrs. Cruise, hier mit Tom Berenger während der Dreharbeiten zu SOMEONE TO WATCH OVER ME

beide schon wieder die Arbeit wartete. Tom hatte eine Vorbesprechung zu seinem möglicherweise nächsten Projekt, Mimi war noch mit der Postproduction ihres bisher wichtigsten Films, SOMEONE TO WATCH OVER ME (Der Mann im Hintergrund) von Ridley Scott, beschäftigt. Sie hatte ihre Karriere in der TV-Serie HILL STREET BLUES begonnen und seither kleinere Rollen in Filmen wie GUNG HO von Ron Howard und STREET SMART (Glitzernder Asphalt) von Jerry Schatzberg gespielt.

Im Herbst 1987 kam es zur einzigen Zusammenarbeit zwischen Cruise und Rogers, wenn auch nicht vor der Kamera, sondern auf der Bühne. Am Williamstown-Theater in Massachusetts traten die beiden gemeinsam in dem Stück *Golden Boy* von Clifford Odets auf, Regie führte keine andere als Joanne Woodward. (Zu Mimi Rogers siehe auch das Kapitel »Tom Cruise in Outer Space?«)

Es war kein Wunder, daß Cruise 1987 so viel Zeit hatte, sich zu einem Rennfahrer-As zu entwickeln und auch noch einen Abstecher ans Theater zu machen – er hätte zwar liebend gern seinen nächsten Film gedreht, kam aber einfach nicht dazu. In diesem Jahr nämlich lernte er kennen, was die Amerikaner *development hell* nennen: eine endlose Reihe von personellen Wechselspielen und immer neuen Drehbuchfassungen, von Vorbesprechungen und Konferenzen, die zwar zu vielen guten Vorsätzen, aber zu keinen Taten führen.

Als Cruise im Mai, unmittelbar nach seiner Hochzeit, nach Los Angeles flog, hatte er bereits ein halbes Jahr mit solchen Treffen zugebracht und war immer noch keinen Schritt weiter. Angefangen hatte alles mit einem Drehbuch des Fernsehautors Barry Morrow über einen Geschäftsmann namens Charlie Babbitt, der nach dem Tod seines Vaters erfährt, daß sein behinderter Bruder Raymond das gesamte Familienvermögen geerbt hat. Charlie, der nichts von der Existenz Raymonds wußte, trifft ihn nun nach vielen Jahren wieder und macht mit ihm eine Reise quer durch die Vereinigten Staaten. Morrow hatte die Geschichte ursprünglich als TV-Film konzipiert, sein Skript landete aber bei United Artists, wo man den Stoff für einen potentiellen Weihnachtshit des Jahres 1987 hielt. RAIN MAN war geboren – so schien es jedenfalls. Das Studio machte sich auf die Suche nach einem geeigneten Regisseur. Barry Levinson, einer der ersten Kandidaten, sagte dankend ab. Er wollte lieber GOOD MORNING, VIETNAM drehen. Mehr Glück hatte man bei Martin Brest: Er hatte gerade GOOD MORNING, VIETNAM abgelehnt und erklärte sich nun bereit, RAIN MAN zu inszenieren. Mike Ovitz, der Chef der mächtigen Creative Artists Agency, brachte nach der Lektüre des Drehbuchs einen seiner wichtigsten Klienten ins Spiel. Er hielt Dustin Hoffman für den geeigneten Darsteller des Charlie. Aber Hoffman wollte um jeden Preis den Behinderten spielen. Er erklärte: »Wenn die Leute eines Tages auf meine Karriere zurückblicken, werden sie mich für zwei Rollen im Gedächtnis behalten: Ratso Rizzo und Rain Man. Ich will diesen Film machen, und zwar schnell.«

Hoffman und Ovitz wußten auch schon, wer den Charlie Babbitt spielen sollte. Sie wandten sich an Tom Cruise (der ebenfalls bei

CAA unter Vertrag steht) und fragten ihn, ob er diesen Part übernehmen wolle. Cruise sagte sofort zu; Hoffman hatte seit langem zu seinen Idolen gezählt – und was hätte ihm schon Besseres passieren können, als nach dem Film mit Paul Newman nun die Chance zu bekommen, mit einer weiteren Hollywood-Legende zusammenzuarbeiten?

Gegen diesen Besetzungscoup hatte niemand etwas einzuwenden – außer Barry Morrow. Der Autor protestierte gegen die Verpflichtung von Cruise, da der Charlie Babbitt des Drehbuchs 20 Jahre älter war als der Schauspieler. Damit waren Morrows RAIN MAN-Tage gezählt. Martin Brest brachte mit Ronald Bass (BLACK WIDOW, Die schwarze Witwe) einen neuen Autor hinzu, der das Drehbuch innerhalb von zwei Monaten überarbeitete und es mit einem Happy-End versah. Für eine weitere Überarbeitung stand Bass danach nicht mehr zur Verfügung, weshalb Cruise vorschlug, den COLOR OF MONEY-Autor Richard Price zu engagieren. Price schrieb 40 Seiten, konnte mit seinen Vorstellungen Hoffman und Brest jedoch nicht überzeugen. Mit Michael Bortman wurde daher der nunmehr vierte Drehbuchautor verpflichtet. Auch mit seiner Hilfe konnte eine grundsätzliche Meinungsverschiedenheit zwischen Brest und seinen Hauptdarstellern nicht geklärt werden. Cruise und Hoffman waren sich einig, daß Charlie Babbitt die zentrale Figur sein würde, da er im Lauf der Geschichte eine einschneidende Veränderung durchmacht. Deshalb bestanden sie darauf, den Film aus Charlies Perspektive zu erzählen, ein Gedanke, mit dem Brest sich nicht anfreunden konnte. Er interessierte sich mehr für die – damals noch im Skript enthaltenen – Action-Elemente des Roadmovies.

Für eine Weile sah es dennoch so aus, als könnten die Dreharbeiten im April 1987 beginnen. Doch drei Wochen, bevor die erste Klappe fallen sollte, verabschiedete sich Brest plötzlich von dem Unternehmen. Er zog es vor, sein Projekt MIDNIGHT RUN (Midnight Run – Fünf Tage bis Mitternacht) zu realisieren – auch ein Roadmovie über zwei Männer, die Amerika durchqueren, darin allerdings ging es (was für den Regisseur wahrscheinlich das entscheidende Argument war) fast ausschließlich um Tempo und Aktion. Brest versuchte gar, Dustin Hoffman für diesen Film abzuwerben.

Mike Ovitz, der schon Dustin Hoffman für RAIN MAN gewonnen hatte, brachte nun Steven Spielberg als Brests Nachfolger ins Spiel. Er schickte dem Erfolgsregisseur das von Ronald Bass verfaßte Drehbuch, und Spielberg bekundete Interesse, ohne sich jedoch wirklich festzulegen. Bass wurde daraufhin erneut engagiert, und das Drehbuch nahm nun eine völlig neue Gestalt an. Hoffman plädierte dafür, Raymond zu einem Autisten zu machen, und inzwischen war man sich einig, daß die Geschichte nicht mit einem reinen Happy-End enden sollte. Die Produktionsfirma MGM/UA verschob den geplanten Starttermin gerade auf Weihnachten 1988, als auch Spielberg paßte. Er berief sich auf anderweitige Verpflichtungen und drehte statt RAIN MAN nun INDIANA JONES AND THE LAST CRUSADE (Indiana Jones und der letzte Kreuzzug). Seit fast einem Jahr arbeiteten Hoffman und Cruise inzwischen an ihren Rollen. Sie hatten sich mit zwei Brüdern angefreundet, von denen einer autistisch veranlagt war, verbrachten viel Zeit mit ihnen und übernahmen einige von ihren Umgangsformen und Sprechgewohnheiten in das Drehbuch. Nach Spielbergs Abgang im Oktober 1987 war Cruise nun ebenfalls drauf und dran, das Handtuch zu werfen, ließ sich jedoch von Hoffman überzeugen, daß der Film in jedem Fall gedreht werden würde. Hoffman ergriff die Initiative und bat Sydney Pollack, mit dem er schon bei TOOTSIE zusammengearbeitet hatte, die Regie von RAIN MAN zu übernehmen. Pollack schlug ein und engagierte mit David Rayfiel und Kurt Luedtke die Autoren Nummer fünf und sechs. Unter seiner Anleitung wurde der Roadmovie-Aspekt des Plots in den Hintergrund gedrängt, statt dessen wollte Pollack sich mehr auf die Liebesgeschichte zwischen Charlie und seiner Freundin, einer Rechtsanwältin, konzentrieren. Doch während der Arbeit überkamen auch Pollack Zweifel an der Tauglichkeit des Stoffes – und schon bald kündigte er den Vertrag, den er gerade erst unterschrieben hatte.

Die Rettung stand für Hoffman und Cruise dennoch unmittelbar bevor: Barry Levinson, mit GOOD MORNING, VIETNAM gerade fertig, hatte in den vorangegangenen Wochen Sydney Pollack geholfen, einige der Drehbuchprobleme zu lösen, und dabei gemerkt, daß ihn das Projekt sehr interessierte. Als Pollack absprang, sprang er ein. Bis zum Beginn der Dreharbeiten blieben noch drei Monate Zeit. Und was tat Cruise, nachdem das RAIN MAN-Debakel schließlich doch noch abgewendet worden war? Er drehte erst einmal einen anderen Film!

Der endlosen Warterei überdrüssig, akzeptierte er das Angebot von Disney-Chef Jeffrey Katzenberg, die Hauptrolle in COCKTAIL zu übernehmen. Anders als bei RAIN MAN brauchte Cruise sich über die Entwicklung dieses Films keine Gedanken zu machen, denn die war bereits abgeschlossen, als man an ihn herantrat. Der

Und wieder muß er in die Lehre gehen: Bryan Brown erklärt Tom Cruise das Handwerk des Barkeepers (oben). Bald darauf sind die beiden das perfekte Team und begeistern ihre Gäste

95

Produzent Robert W. Cort war 1985 mit dem Drehbuch, das der Schriftsteller Heywood Gould nach seinem gleichnamigen Erfolgsroman geschrieben hatte, an Universal herangetreten, wo man zunächst auch Interesse signalisierte. Für eine Weile war James L. Brooks als Regisseur im Gespräch gewesen, doch nachdem dieser abgewinkt hatte, verzichtete auch Universal. Daraufhin schnappte sich Katzenberg das Projekt, um es von Touchstone produzieren zu lassen, und zwar so schnell wie möglich. Alles, was man noch suchte, waren ein Regisseur und die beiden Hauptdarsteller. Cruise mochte Goulds autobiographisch gefärbte Geschichte, die die Erlebnisse eines jungen New Yorker Barkeepers schildert, und sagte ebenso spontan zu wie sein Schauspielkollege Bryan Brown und Regisseur Roger Donaldson, der zuvor den Thriller NO WAY OUT (No Way Out – Es gibt kein Zurück) inszeniert hatte. Diese Entscheidung wurde fürstlich honoriert: Cruise kassierte seine bis dahin höchste Gage, drei Millionen Dollar.

Zur Vorbereitung absolvierte er gemeinsam mit Brown einen Barkeeper-Schnellkurs und jobbte in einigen New Yorker Bars, um ein Gefühl für die Anforderungen dieses Berufs zu bekommen. Anschließend legte er, gemeinsam mit Donaldson, noch ein wenig Hand an das Drehbuch, und dann begannen auch schon die Dreharbeiten, die in New York, auf Jamaika und in Toronto stattfanden.

COCKTAIL ist, anders als THE COLOR OF MONEY, von Anfang bis Ende auf Cruise zugeschnitten, es gibt kaum eine Szene, in der er nicht zu sehen ist. Brian Flanagan kehrt nach Beendigung seiner Militärzeit in seine Heimatstadt New York zurück, fest entschlossen, schnell eine steile Karriere zu machen. Mit Schlips und Kragen sieht er zwar aus wie ein forscher Yuppie, doch wie sehr er den Personalchefs an der Wall Street auch beteuert, ehrgeizig und lernfähig zu sein – dort will ihm niemand eine Chance geben, weil er über keinerlei Qualifikation verfügt.

Per Zufall entdeckt Brian auf dem Heimweg eine Bar, in der eine Hilfskraft gesucht wird. Er stellt sich bei Doug Coughlin (Bryan Brown) vor und bekommt nach einer Feuerprobe, die er mehr schlecht als recht besteht, den Job. Fortan studiert Brian tagsüber Betriebswirtschaft und arbeitet nachts in der Gastwirtschaft. Im Seminar schläft er dabei gelegentlich vor Erschöpfung ein, hinter der Theke hingegen läuft er zu großer Form auf: In Windeseile entwickelt er sich zu einem beliebten und beschlagenen Barkeeper und bildet gemeinsam mit Doug das perfekte Team. Die beiden begreifen ihre Arbeit als Kunst: Zu fetzigen Rocksongs

Von der Betriebswirtschaft in die Gastwirtschaft: Tom Cruise in COCKTAIL

mixen sie die Drinks im Duett und synchronisieren dabei ihre Bewegungen zu einem Ballett. Da wirbeln die Shaker, tanzen die Flaschen, fliegen die Eiswürfel, daß es nur so eine Freude ist. Wo Cruise in THE COLOR OF MONEY am Billardtisch glänzte, da brilliert er hier hinterm Tresen: ein Performance-Künstler mitten im (nicht ganz gewöhnlichen) Alltag, ein »amerikanischer Traumtänzer, aber die Bewegungen, wenn er seine Shaker-Show abzieht, sind immer ein wenig eckig und sein Lächeln eine Spur forciert. Er ist nicht in seinem Element, das macht seinen besonderen Charme aus« (Fritz Göttler).

Cruise gestaltet jedoch nicht nur seine Barauftritte zur Tour de Force. Seine vielbeschworene Intensität schlägt in COCKTAIL ins *over-acting* um: Sein Selbstbewußtsein grenzt an Arroganz, seine Ernsthaftigkeit an Pathos, sein Lächeln ans Grimassieren. Aufgedreht und wie außer Kontrolle geraten agiert er, ungebändigt von seinem Regisseur, der das offenbar so wollte – oder es nicht zu verhindern wußte.

Die Geschichte schlägt nach dem fröhlich-dynamischen Auftakt eine radikal andere Richtung ein. Eben ist Brian noch im Yuppie-Himmel und träumt gemeinsam mit Doug von einer eigenen Bar, da spannt der zynische »Freund« ihm auch schon das Mädchen aus. Brian verabschiedet sich mit einem zünftigen Faustschlag – und wandert in die Karibik aus, wo Barkeeper angeblich ein Heidengeld verdienen können. Dort will er nun im Alleingang für die Existenzgründung sparen.

Drei Jahre später lernt Brian in Jamaika die New Yorker Touristin Jordan Mooney (Elisabeth Shue) kennen und verliebt sich in sie. Etwa gleichzeitig taucht Doug an Brians Tresen auf und präsentiert stolz seine schöne – und sehr reiche – Ehefrau Kerry (Kelly Lynch). Doug hat sein Schäfchen ins trockene gebracht, Brian dagegen träumt immer noch von der ersten Million. Wenn er nicht mit Jordan die paradiesische Insel erkundet, sitzt er mit ihr am Swimmingpool und referiert über die mannigfaltigen Möglichkeiten, irgendwie irgendwo das große Geld zu machen.

Doug, von dem Brian einst in den Dingen des Lebens ebenso unterrichtet wurde wie in der Kunst des Getränkemixens, ist für den aufstrebenden jungen Mann noch immer ein väterlicher Freund – und ein schlechter Einfluß. Nach einem – nur halb im Scherz – geführten Wortgefecht meint Doug, Brian wäre niemals so wie er in der Lage, eine reiche Frau an Land zu ziehen. In seinem männlichen Stolz verletzt, behauptet Brian das Gegenteil. Wie in Top Gun, wo Cruise mit Anthony Edwards wettete, er könne Kelly McGillis am ersten Abend herumkriegen, läßt er sich auch hier auf eine Wette ein. Eine Frau, behauptet Brian mit süffisantem Macho-Lächeln, könne er jederzeit erobern. Anders als in Top Gun behält er recht: Das Opfer, die betuchte New Yorker Unternehmerin Bonnie (Lisa Banes), sitzt schon am anderen Ende der Bar und wartet nur darauf, sich mit einem flotten Barkeeper in ein Abenteuer zu stürzen. Damit kippt die Geschichte ein weiteres Mal: Jordan bekommt Wind von Brians amourösen Eskapaden und reist überstürzt ab. Und das knallbunte Urlaubs-Tralala geht in ein todernstes Melodram über.

Für einen Sympathieträger ist dieser Brian Flanagan eine erstaunlich gebrochene Figur. Am Anfang, wenn er in Cruise-typischer Hoppla-jetzt-komm-ich-Manier den amerikanischen Traum innerhalb kürzester Zeit verwirklichen will, hat seine Naivität noch etwas Einnehmendes. Und der Mut, den er an den Tag legt, wenn er den Professor seines Wirtschaftsseminars zurechtweist, als dieser allzu hochnäsig die Studenten heruntermacht, zeugt von Charakterstärke. Von dieser Integrität aber ist nichts mehr zu spüren, als Brian mit Bonnie ins Bett steigt, ohne sich über die Konsequenzen Gedanken zu machen. Jordan scheint ihm tatsächlich nichts zu bedeuten, so leichtfertig gibt er diese Beziehung auf. Danach ist es auch mit seinem Stolz vorbei: In der Hoffnung, einen gutdotierten Posten in der Firma seiner neuen Geliebten er-

Flirt in der Karibik: Elisabeth Shue bevorzugt eigentlich Bier, hier darf ihr Tom Cruise aber ausnahmsweise ein Glas Sekt servieren

gattern zu können, kehrt er mit Bonnie nach New York zurück und läßt sich von ihr wie ein Gigolo aushalten.

Es dauert zwar nicht lange, bis Brian begreift, daß er einen Irrtum begangen hat. Er verläßt Bonnie und versucht, sich bei Jordan, die in einem Restaurant kellnert, zu entschuldigen. Als Jordan ihm jedoch offenbart, daß sie schwanger ist, reagiert er taktlos. Er fragt sie, ob das Kind von ihm sei, und zeigt weder Verantwortungsgefühl noch Reue. Brian ist immer noch so naiv und unreif wie zu Beginn seiner Odyssee; er ist so sehr von sich und seinem Charme überzeugt, daß er gar nicht merkt, wie er einen Fehler nach dem anderen begeht.

Um Logik und Glaubwürdigkeit schert sich das Drehbuch von Heywood Gould keinen Deut, wenn es danach mit einer Reihe von dramaturgischen Kraftakten den hilf- und orientierungslosen Brian doch noch auf den Weg der Läuterung bringt. Weil es sonst niemanden gibt, an den er sich wenden könnte, bittet Brian Doug um einen Job in dessen neuer Cocktailbar. Doug offenbart ihm, daß er innerhalb kürzester Zeit mit riskanten Spekulationsgeschäften sein gesamtes Vermögen in den Sand gesetzt hat. In derselben Nacht begeht Doug Selbstmord (während seine Frau Kerry versucht, Brian zu verführen, der – als habe er immer noch nichts gelernt – sich darauf sogar für einen kurzen Moment einläßt, dann aber einen Rückzieher macht). Dieser Schicksalsschlag bringt Brian nun doch zur Besinnung. Noch einmal kämpft er um Jordan, von der er inzwischen weiß, daß sie aus einem reichen Elternhaus kommt, und überzeugt sie davon, daß er sie wirklich liebt und das Geld ihres Vaters nicht will. Zum Schluß steht er stolz auf dem Tresen seiner eigenen Bar, sagt den Gästen ein Gedicht auf und freut sich auf die Zwillinge, die Jordan bald zur Welt bringen wird.

COCKTAIL mag nicht der erste erfolgreiche Film mit Tom Cruise gewesen sein, aber es war der erste Film, der uneingeschränkt Zeugnis ablegte vom Starpotential des Schauspielers. RISKY BUSINESS hatte einen Teenager-Nerv getroffen, TOP GUN eine atemberaubende Technik-Show geboten und THE COLOR OF MONEY mit Paul Newman einen weiteren Star präsentiert – alle vorherigen Cruise-Hits hatten also immer auch mit anderen Qualitäten oder Schauwerten das Publikum ins Kino gelockt. Wenn ein Film als Ganzes gescheitert war, wie im Falle von LEGEND, dann hatte auch Cruise' Präsenz nichts am Mißerfolg ändern können. Nun aber wendete sich das Blatt. Bei COCKTAIL mochten die Rezensenten auch noch so sehr mäkeln – die Leute wollten ein-

Da mag der Vater auch noch so sehr protestieren, die Liebe siegt am Ende: Tom Cruise, Laurence Luckinbill und Elisabeth Shue in COCKTAIL

fach Tom Cruise sehen, egal, wie fad und unausgegoren der Plot, egal, wie glatt und unpersönlich die Inszenierung. »COCKTAIL«, schrieb Anne Billson im *Monthly Film Bulletin*, »ist eine erstaunliche Mischung aus Macho-Posen, melodramatischen Klischees und schlechten schauspielerischen Leistungen. Das macht den Film auf eine perverse Art unterhaltsam und manchmal unfreiwillig komisch.«

Genau diese Art von Unterhaltung war im Sommer 1988 gefragt: Allein in den USA spielte COCKTAIL 70 Millionen Dollar ein, weltweit brachte er es auf 175 Millionen. Das war für einen Film dieser Größenordnung ein sensationeller Erfolg, den er ganz allein der Popularität seines Hauptdarstellers zu verdanken hatte.

Väter und Autos

»Tom hat ein hübsches Gesicht, das ist aber eher sein Nachteil,
er wird deshalb oft unterschätzt. Außerdem arbeitet er nicht an
einem Rebellen-Image, das man gemeinhin mit der Vorstellung
von einem guten Schauspieler verbindet.«

(Barry Levinson)

Die Dreharbeiten zu RAIN MAN begannen im März 1988 und dau-
erten nur neun Wochen. Die Odyssee der Babbitt-Brüder nahm in
Cincinnati, Ohio, ihren Anfang und ging über Kentucky, Oklahoma, Indiana und Nevada nach Kalifornien. Ungewöhnlich an der
Produktion war, daß Barry Levinson und sein Team während der
Dreharbeiten die Reise der beiden Hauptfiguren in genau dieser
Reihenfolge nachvollzogen. Für Cruise und Hoffman bedeutete
dies eine immense Erleichterung: Sie konnten die Beziehung zwischen Charlie und Raymond sukzessive erarbeiten. Drehbuchprobleme wurden oft erst an Ort und Stelle gelöst, und man improvisierte viel.
Brest, Spielberg und Pollack, alle drei Regisseure, die dem Hol-
lywood-Erzählkino wesentlich mehr verpflichtet sind als Barry
Levinson, hatten sich die Zähne vor allem deshalb an RAIN MAN
ausgebissen, weil es dem Stoff an einer herkömmlichen Struktur,
an einer Geschichte mangelte. Für Levinson lag gerade darin der
Reiz des Films. »Was für eine Geschichte?« fragte er. »Hier geht
es um zwei großartige Figuren, die zwei Stunden lang aufeinander
reagieren.« Wo seine Vorgänger versucht hatten, das Drehbuch
durch äußere Dramatik interessanter zu machen, da konzentrierte er sich ganz gezielt auf die Beziehung der beiden Protagonisten.
Levinson: »Ich habe alle Ereignisse eliminiert, die sich auf der
Straße abspielten, denn der Film sollte nicht von den Hindernissen und Gefahren handeln, die ihnen unterwegs begegnen. Ursprünglich gab es eine Konfrontation mit einer Motorrad-Bande,
und Raymond war in der Lage, ein Motorrad für die beiden zu-
sammenzubauen, mit dem sie fliehen konnten! In Las Vegas hatten sie Schwierigkeiten mit einer Nutte, wurden ins Gefängnis ge-
sperrt, aber Raymond wußte alles über die Gesetze und konnte
sie freibekommen. Und so weiter. Ich war mir sicher, daß der Film
funktionieren würde, wenn wir die Handlung auf zwei Figuren begrenzen und uns auf die Probleme, die Charlie im Umgang mit
Raymond erwachsen ..., konzentrieren könnten. Dann ließe sich

auch der Humor entdecken, der in dieser Situation steckt – nicht als etwas, das von außen kommt, sondern eher aus der inneren Beziehung zweier Menschen.«

Levinson teilte die Ansicht von Hoffman und Cruise, daß RAIN MAN aus der Perspektive Charlie Babbitts geschildert werden müsse. Der Film beginnt und endet mit ihm, und er ist es, der im Lauf der Reise eine Entwicklung macht. Anders als die meisten Filme über Kranke oder Behinderte erzählt RAIN MAn nicht von einer Genesung: Charlie stellt zwar eine Verbindung zu seinem älteren Bruder her, Raymond bleibt jedoch Autist und ist auch am Schluß nicht in der Lage, auf normale Weise zu kommunizieren, eigenständige Entscheidungen zu treffen und sich in der Welt außerhalb seiner vertrauten psychiatrischen Anstalt zurechtzufinden.

In der Exposition geht es um zwei Aspekte, die sich leitmotivisch durch viele Tom-Cruise-Filme ziehen: um Autos und um Väter. Charlie Babbitt wird als knallharter Geschäftsmann eingeführt, der mit importierten Luxusautos handelt. Dabei bewegt er sich in einer Grauzone zwischen Legalität und Illegalität, wagt riskante Transaktionen und hält seine Kunden mit Lügen und falschen Versprechungen bei der Stange. Ein *hustler* des Automarkts.

Ursprünglich sollte die Figur des Charlie ein Verkäufer sein, der die unterschiedlichsten Produkte per Telefon an den Mann bringt, aber das war für Levinson eine zu deutliche Parallele zu seinem vorletzten Film TIN MEN. Gemeinsam mit Cruise überlegte er, womit dieser Charlie wohl handeln könne, und der Schauspieler – seit einiger Zeit im Rennfahrerfieber – brachte sofort Autos ins Gespräch.

Nach der Eingangssequenz startet Charlie gemeinsam mit seiner Freundin Susanna (Valeria Golino) einen Wochenendausflug, unterwegs erfährt er jedoch, daß sein Vater gestorben ist. Charlies knappen Erzählungen entnehmen wir, daß es ein Auto war – ein 1949er Buick Road Master Convertible –, das vor vielen Jahren eine wesentliche Rolle in der Beziehung zwischen ihm und seinem Vater gespielt hat. Der Wagen war für Charlie tabu; nur einmal, im Alter von 16 Jahren, hatte er es gewagt, den Buick heimlich aus der Garage zu fahren und damit eine Spritztour zu unternehmen. Diese Anekdote erinnert an RISKY BUSINESS. Darin untersagt Mr. Goodson am Anfang seinem Sohn, den geliebten Porsche zu fahren, doch schon am zweiten Abend setzt sich Joel über dieses Verbot hinweg. Später ist der Wagen für die Entwicklung der Geschichte von zentraler Bedeutung: Erst nachdem das schnittige

Zwei Männer und ein Auto: Tom Cruise und Dustin Hoffman machen sich auf den Weg

Gefährt in den See gestürzt ist, muß Joel sich auf den Handel mit Lana einlassen. (Auch nach RAIN MAN blieben Autos wichtige Bestandteile von Cruise-Filmen. So in DAYS OF THUNDER, wo es um kaum etwas anderes geht, und in THE FIRM, wo der in Aussicht gestellte Mercedes Mitch McDeere die Entscheidung, für die Kanzlei in Memphis zu arbeiten, beträchtlich erleichtert.)

Ironischerweise erfährt Charlie nach der Beerdigung seines Vaters, daß dieser ihm zwar den Buick vermacht, ihn ansonsten aber enterbt hat. Keinen müden Cent des Familienvermögens in Höhe von drei Millionen Dollar soll er bekommen. Die späte Rache eines Patriarchen: Seit jener Spritztour mit dem Buick, die mit einem zweitägigen Gefängnisaufenthalt für Charlie geendet hatte, wo Babbitt Senior ihn seelenruhig schmoren ließ, hatten sich Vater und Sohn nicht mehr gesehen. Charlie war wutentbrannt davongezogen, ohne je wieder Kontakt zu seinem Vater aufzunehmen. (Die Mutter war schon früh gestorben.)

»Ist das der richtige Sirup?« Tom Cruise bedient Dustin Hoffman

Die Abwesenheit der Väter spielt auch in zwei anderen Cruise-Filmen eine große Rolle. In TOP GUN und in A FEW GOOD MEN (Eine Frage der Ehre) lastet der Schatten eines jeweils übermächtigen Vaters auf Maverick und Daniel Kaffee. Beide haben dieselben Berufe ergriffen wie ihre inzwischen verstorbenen Väter, leiden aber unter deren großartiger Reputation. Das macht sie trotzig und verbittert, zwei Wesenszüge, die sie durch übertriebene Lässigkeit, Risikobereitschaft (Maverick) und Gleichgültigkeit (Kaffee) zu vertuschen suchen. In beiden Filmen – und in gewisser Hinsicht auch in RAIN MAN – müssen Cruise' Figuren den Schmerz überwinden und einen inneren Frieden mit den Vätern schließen, um ihre Aufgaben bestehen zu können. Für Cruise war dies zweifelsohne ein Aspekt, der sehr viel mit der eigenen Biographie zu tun hatte, denn auch sein Vater verschwand aus seinem Leben, als er zwölf Jahre alt war. Möglicherweise ist das auch einer der Gründe, warum es in Cruise' Filmen so viele Ersatzväter gibt: Tom Skerritt in TOP GUN, Paul Newman in THE COLOR OF MONEY, Bryan Brown in COCKTAIL, Robert Duvall in DAYS OF THUNDER.

Es gehört zu den Stärken von RAIN MAN, daß der Film das Vater-Sohn-Thema nicht übermäßig strapaziert und auf psychologisierende Erklärungen verzichtet. Dennoch läßt sich unschwer erahnen, daß ein Teil von Charlies Härte und Verschlossenheit auf die Fehde mit seinem Vater zurückgeht. Charlie ist ein Zyniker und Egoist. Als Geschäftsmann kennt er keine Skrupel, er laviert um die Gesetze herum und belügt seine Kunden, um sie bei der Stange zu halten. Susanna behandelt er wie ein lästiges Anhängsel, er läßt sie weder an seinen Gedanken teilhaben, noch gestattet er ihr, ihn zu begleiten, wenn er wichtige Angelegenheiten zu erledigen hat. Seine Reserviertheit kommt auch in seinem Äußeren zum Ausdruck: Er trägt stets teure, sehr feine Anzüge, seine – fast immer schwarzen – Hemden knöpft er bis oben hin zu, und seine Augen versteckt er oft hinter einer Sonnenbrille. Charlie verbirgt seine Gefühle; manchmal scheint es sogar, als habe er keine. Als er vom Tod des Vaters erfährt, verzieht er keine Miene.

Die Begegnung mit dem unbekannten Bruder überfordert diesen smarten und harten Yuppie. Charlie hat noch nie etwas von Autismus gehört und gibt sich zunächst auch keine Mühe, Raymonds Krankheit zu verstehen. Er denkt nur daran, irgendwie an einen Teil der Erbschaft heranzukommen, die Raymond – bzw. dem Heim, in dem er lebt – zugefallen ist. Daß der Haupterbe der drei Millionen Dollar weder begreift, was Geld ist, noch etwas damit anfangen kann, bringt Charlie nur noch mehr zur Weißglut. Als er Raymond aus der Anstalt entführt, findet Barry Levinson ein einfaches und doch überaus prägnantes Bild, das die extreme Unterschiedlichkeit der Brüder akzentuiert: Der eine, modisch und elegant, läuft erhobenen Hauptes und mit weitausholenden Schritten energisch voran, der andere, schlicht und zerzaust, trippelt unsicher und unbeteiligt hinterher.

Bis zu einer Annäherung der beiden ist es danach noch ein weiter Weg. Am ersten Abend schnauzt Charlie Raymond wütend an, nachdem dieser, angelockt von unbekannten Geräuschen, ihn beim Sex mit Susanna gestört hat. Susanna ist entsetzt angesichts der Lieblosigkeit, mit der Charlie seinen Bruder behandelt; sie hält es nicht mehr aus mit ihm und verläßt ihn. Das scheint Charlie nicht weiter zu stören, er denkt nur an das Geld. Am nächsten

Der eine ist in seinem Element, der andere grübelt vor sich hin: Dustin Hoffman und Tom Cruise vor dem Fernseher

Morgen schlägt er dem Anstaltsleiter Dr. Bruner (Jerry Molen) per Telefon einen Handel vor: Gegen anderthalb Millionen Dollar will er Raymond zurückbringen, ansonsten werde man sich vor Gericht wiedersehen. Als Bruner abwinkt, hängt Charlie aufgebracht ein – und behandelt Raymond fortan noch brutaler. Wann immer Raymond sich in Charlies Augen begriffsstutzig oder unkooperativ verhält, packt er ihn bei den Schultern und schüttelt ihn oder zieht ihn hinter sich her wie ein unartiges Kind. Oft wirkt Charlie, als würde er jeden Moment zuschlagen, so hilflos steht er Raymond gegenüber. Immer wieder schlägt er die Hände wütend zusammen, als müsse er die Aggression, die er nicht direkt an Raymond auslassen kann, wenigstens auf andere Weise ablassen. Als der Bruder ihm unterwegs einmal ganz besonders auf die Nerven geht, hält er auf offener Landstraße an, steigt zornig aus dem Auto, zetert und flucht und gebärdet sich wie ein zorniges Rumpelstilzchen. Seit TAPS hat Cruise keine so verbissene und humorlose Figur mehr gespielt.

Gründe, wütend zu werden, gibt es für Charlie allerdings genug. Während in Los Angeles dringende Geschäfte auf ihn warten, kommt er auf seiner Reise kaum von der Stelle. Raymond weigert sich, ein Flugzeug zu besteigen, und auch die Autobahn ist ihm zu gefährlich. So bleibt Charlie keine andere Alternative, als über Nebenstraßen von Ohio nach Kalifornien zu fahren. Erst als er gezwungen ist, das Tempo, mit dem er die Dinge für gewöhnlich angeht, zu drosseln, läßt er sich ganz allmählich auf den Bruder und dessen Welt ein.

Eine Schlüsselszene dieser Entwicklung spielt sich an einem Abend im Motel ab. Als Raymond sich im Bad die Zähne putzt, murmelt er seinen eigenen Namen so, wie Charlie ihn in seiner frühen Kindheit aussprach: »Rain Man«. Dem verblüfften jüngeren Bruder zeigt Raymond danach ein Foto, auf dem die beiden

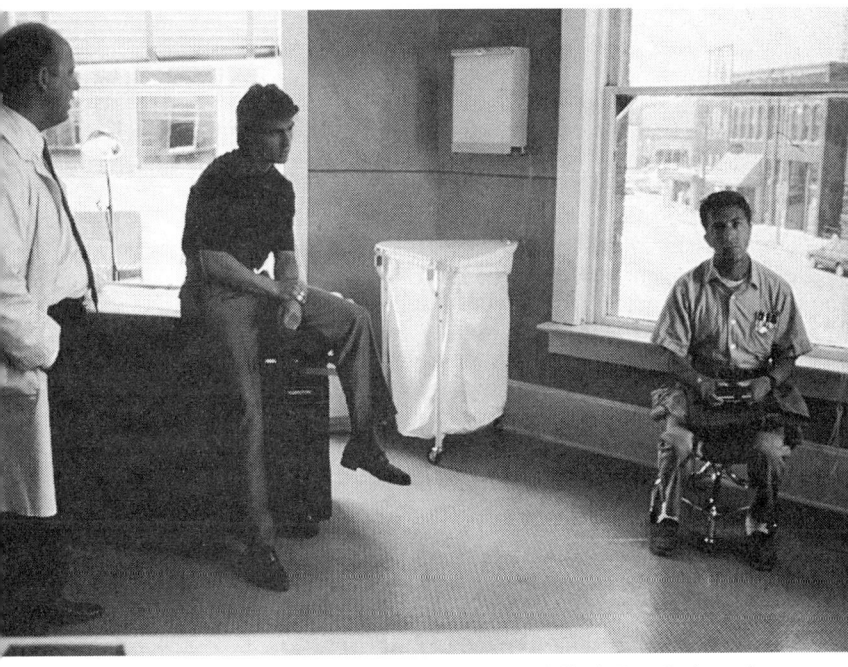

Die Entdeckung eines mathematischen Genies: Kim Robillard, Tom Cruise und Dustin Hoffman

109

vor mehr als 25 Jahren zu sehen sind. Charlie, der den »Rain Man«
zuvor stets für eine fiktive Figur hielt, an die er als Kind geglaubt
hatte, zeigt erstmals ein wenig Wärme und Gefühl, als ihm bewußt
wird, daß er und Raymond über eine – wenn auch sehr kurze
und weit zurückliegende – gemeinsame Geschichte verfügen. Danach gerät bei ihm etwas in Bewegung: Beinahe zärtlich deckt er
Raymond zu, als dieser zu Bett geht, und anschließend ruft er
Susanna an, nach der er sich nun erstmals zu sehnen scheint.
Dennoch verwandelt sich Charlie keineswegs innerhalb einer
Nacht vom Saulus zum Paulus. Am nächsten Tag kommt ihm bei
einer Rast eine Idee. Raymond, der sich zuvor bereits als Meister
des Memorierens und Kopfrechnens erwiesen hatte, genügt ein
kurzer Blick auf die Plattenliste einer Musikbox, um sämtliche In-
terpreten, Stücke und die dazugehörigen Buchstaben- und Zah-
lenkombinationen auswendig zu lernen. Charlie unterrichtet ihn
daraufhin in den Regeln des Black Jack – schließlich liegt Las Vegas als nächste Station vor den beiden, und diese Gelegenheit will
Charlie nutzen, um Raymonds außergewöhnliche Talente am
Spieltisch einzusetzen. Die Aussicht auf einen schnellen und sicheren Gewinn läßt Charlie zum erstenmal während der gesamten
Reise lächeln.
In Las Vegas versetzt er seine goldene Uhr beim Pfandleiher und
kleidet sich und den Bruder neu ein. Beide tragen fortan die gleiche Garderobe – ein deutlicher Hinweis darauf, daß Charlie Raymond als Bruder angenommen hat –, beziehen eine fürstliche Ho-
telsuite und machen beim Kartenspiel große Kasse. (Der Gewinn
ist etwa so hoch, daß Charlie die Verluste ausgleichen kann, die
seiner Firma inzwischen entstanden sind.)
Nach der Ankunft in Los Angeles ist Charlie fest entschlossen,
Raymond nicht in die Anstalt zurückzuschicken, er will mit ihm
zusammenleben. Selbst auf das Geld kommt es ihm nicht mehr an.
Dr. Bruner allerdings will das nicht zulassen. Er ist davon überzeugt, daß Raymond nicht für ein Leben in der »normalen« Welt
geschaffen ist. Bei einem Treffen mit Charlie bietet er diesem einen Scheck über 250 000 Dollar an, um ihm den Abschied von
Raymond zu erleichtern. Doch wie Brian Flanagan in COCKTAIL,
den Jordans Vater mit einer ähnlichen Geste abzufinden versuchte, lehnt Charlie das Angebot ab. Wenn die zuvor so sehr auf
materiellen Gewinn fixierten Cruise-Figuren ein Vermögen ablehnen, dann ist das der deutlichste Ausdruck ihrer gewonnenen
Reife.
Charlie erhält eine Gelegenheit, um Raymond zu kämpfen. Er

Und noch ein verborgenes Talent: Dustin Hoffman erweist sich am Spieltisch als Kartenkünstler; Tom Cruise kann's kaum fassen

muß Raymond einem Arzt (gespielt von Regisseur Levinson) vorführen, der bei einem eventuellen Prozeß als Sachverständiger dienen soll. In dieser Szene wird Charlies Veränderung besonders deutlich. War er zuvor ein glattzüngiger, rhetorisch versierter Verhandlungskünstler, so gerät er hier ein ums andere Mal ins Stottern, zeigt er seine Unsicherheit und seine Gefühle. Und schreckte er bis dahin vor keiner Lüge zurück, um etwas zu erreichen (selbst als er während der Fahrt eine Farmersfrau dazu bringen wollte, Raymond bei ihr fernsehen zu lassen, erfand er zunächst ein Lügenmärchen, anstatt ihr die wirkliche Situation zu erklären), so sagt er hier sogar dann die Wahrheit, als vollkommen klar ist, daß ihm dies schaden wird. Raymonds Aussagen tun ein übriges, um dem Arzt klarzumachen, daß die Anstalt tatsächlich der bessere Ort für ihn ist. So bleibt für Charlie zum Schluß als Trost nur eine Geste Raymonds: Er legt seine Stirn an die des Bruders, nennt ihn »my main man« und zeigt so, daß auch er eine emotionale Verbindung hergestellt hat.

111

Wird er die richtige Entscheidung treffen? Tom Cruise und Dustin Hoffman in RAIN MAN

RAIN MAN entwickelte sich nach seinem Start im Dezember 1988 zu einem echten Phänomen. Die Kritiker reagierten verhalten, das Autismus-Thema versprach wenig kommerzielle Chancen, und dennoch wurde der Film zu einem Riesenhit. Bei einem Budget von 25 Millionen Dollar (Levinson war anderthalb Millionen unter der ursprünglich veranschlagten Summe geblieben) spielte RAIN MAN weltweit rund 500 Millionen Dollar ein und zählt damit zu den erfolgreichsten Filmen aller Zeiten. Außerdem wurde er mit Preisen überhäuft: Bei der Berlinale 1989 gewann er den Goldenen Bären, Barry Levinson wurde von der Directors' Guild als bester Regisseur ausgezeichnet, und bei der Oscar-Verleihung erhielt der Film acht Nominierungen und gewann fünfmal.
Die Parallelen zu THE COLOR OF MONEY waren für Tom Cruise dabei nur allzu deutlich. Wieder hatte er eine exzellente Leistung geboten und als Teil eines Teams erstklassige Arbeit geleistet, das

Erst am Ende kann er wieder heiter lächeln: Valeria Golino und Tom Cruise in
RAIN MAN

Lob und die Preise aber gingen an den Regisseur und den älteren Star. Selbst die negativsten Kritiken fanden noch ein positives Wort für Hoffmans Darstellung des autistischen Bruders, Cruise aber wollte kaum ein Rezensent so richtig ernst nehmen. Hoffman, der wie Newman den Oscar gewann, wußte, daß er seine Leistung zum Teil auch der Unterstützung seines jungen Kollegen zu verdanken hatte: »Von Anfang an bildeten Tom und ich ein sehr enges Team, was mich ein wenig an die Zusammenarbeit zwischen Jon Voight und mir bei MIDNIGHT COWBOY (Asphalt-Cowboy) erinnerte. Wir machten nie Pause. In den Zeitungen konnte man lesen, daß wir uns gehaßt hätten, weil ich über seine ewigen Verspätungen wütend gewesen sei. Wie hätte er zu spät kommen können? Wir fuhren immer in demselben Wagen zum Drehort. Und während der Fahrt, egal, ob sie zehn, 20 oder 40 Minuten dauerte, arbeiteten wir die ganze Zeit, redeten über die nächste Szene. Die Drehpausen verbrachten wir entweder in seinem oder in meinem Trailer, und da gab es keinen Small talk. Es gab nur Arbeit, Arbeit, Arbeit. Oft haben wir dabei die Rollen getauscht, er spielte meine, ich seine. Er wäre großartig gewesen als Raymond und hätte diese Rolle auch wirklich spielen können. Er hat mir dabei viel geholfen.«

An anderer Stelle charakterisierte Hoffman Cruise folgendermaßen: »Er ist ein Dämon. Er steht um halb fünf auf und macht Krafttraining. Nach der Arbeit geht er früh nach Hause, übt seine Rolle und macht noch einmal Krafttraining. Er achtet auf seine Diät, als wäre er so ein alter Furz wie ich. Er trinkt nicht, raucht nicht und lebt sehr spartanisch, während er einen Film dreht. Und er will *immer* proben.«

Coming Home

»Seit ich nach Hause gekommen bin, habe ich darum gekämpft, dem, was mir widerfahren ist, einen Sinn zu geben. Für mich ist der Film das Ergebnis dieses Kampfes. Zu wissen, daß mein Opfer einen Sinn hatte, bringt mich über den Tag.«

(Ron Kovic über BORN ON THE FOURTH OF JULY)

»Ich wußte, daß man umarmt wird und einen Kuß auf jede Wange bekommt, bevor sie einen abservieren. Ich wußte, daß mein Traum ausgeträumt war, denn Al hatte sich den Schnurrbart abrasiert. Solange der Bart noch wuchs, hatten wir wenigstens eine Chance gehabt.« Mit diesen Worten erinnerte sich Ron Kovic 1989 an eine Situation, die sich elf Jahre zuvor in einem New Yorker Hotel abgespielt hatte: Al Pacino verabschiedete sich in »Paten«-Manier von ihm – und Kovic mußte alle Hoffnung aufgeben, daß der Schauspieler in einer Verfilmung seiner Autobiographie die Hauptrolle übernehmen würde. Diese Absage war für den Vietnam-Veteranen, der 1967 gelähmt aus dem Krieg zurückgekehrt war und sich in den folgenden Jahren vom obrigkeitstreuen Patrioten zum engagierten Pazifisten gewandelt hatte, besonders bitter, denn der geplante Drehbeginn stand nur vier Tage bevor. Der Produzent Martin Bregman hatte das Projekt auf die Beine gestellt, das Drehbuch stammte von dem damals noch relativ unbekannten Oliver Stone, und Daniel Petrie hatte den ursprünglich vorgesehenen William Friedkin als Regisseur abgelöst. Der Film sollte acht Millionen Dollar kosten, wovon eine Gruppe deutscher Investoren den größeren Teil bereitstellen wollte. Diese sprangen jedoch in letzter Minute ab. Alle Beteiligten waren sich später einig, daß die nötigen Finanzmittel für das Projekt auch in Amerika aufzutreiben gewesen wären, wenn Al Pacino sich dafür stark gemacht hätte. Der Schauspieler aber zog es vor, ... AND JUSTICE FOR ALL (... und Gerechtigkeit für alle) zu drehen – und damit war die anderthalbjährige Vorbereitung umsonst gewesen. Ron Kovic war am Boden zerstört. Oliver Stone versprach ihm zwar, BORN ON THE FOURTH OF JULY (Geboren am 4. Juli) zu realisieren, falls er es eines Tages im Filmgeschäft zu etwas brächte, aber das war damals nur ein schwacher Trost.
Rund zehn Jahre später, Stone hatte sich inzwischen als Filmemacher etabliert und unter anderem in PLATOON seine eigenen Vietnam-Erfahrungen verarbeitet, löste der Regisseur das Verspre-

Ist er's wirklich? Tom Cruise als Ron Kovic in Born on the Fourth of July

116

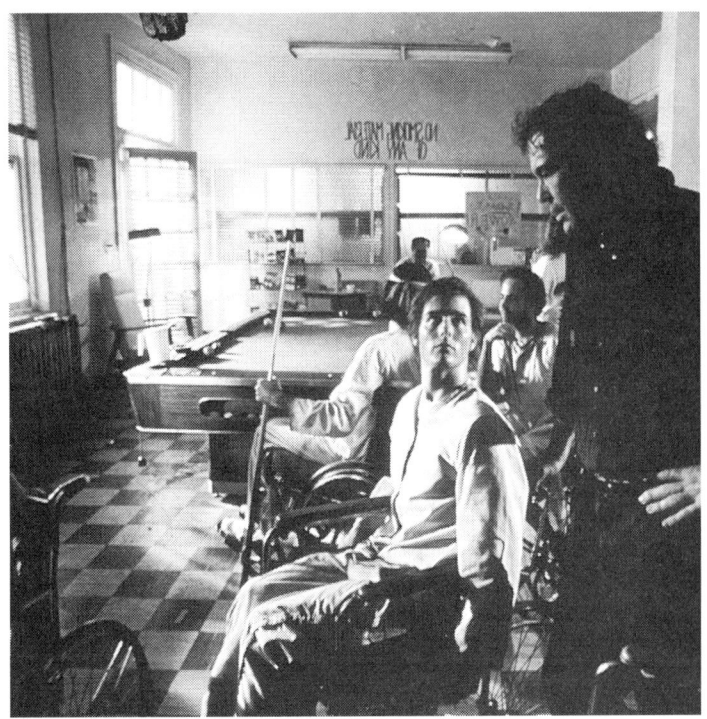

Der Pool-Tisch aus einer anderen Perspektive: Oliver Stone und Tom Cruise während der Dreharbeiten

chen tatsächlich ein. Tom Pollock, der neue Präsident von Universal Pictures, hatte das Skript hervorgeholt, es als »eines der großen unrealisierten Drehbücher der letzten 15 Jahre« bezeichnet und Stone angeboten, den Film für ein vergleichsweise bescheidenes Budget von 14 Millionen Dollar zu inszenieren (tatsächlich lag es später bei 18 Millionen). Stone hatte zwar ursprünglich erwogen, eine Art Fortsetzung zu PLATOON zu drehen, die von seinen eigenen Nachkriegserfahrungen handeln sollte, hielt BORN ON THE FOURTH OF JULY aber für das bessere Projekt. »Rons Geschichte erschien mit allgemeingültiger als meine eigene«, erklärte er. Sofort machten sich Stone und Kovic daran, das Drehbuch zu überarbeiten. Für die Hauptrolle zogen sie vier Schauspieler in Betracht: Sean Penn, Charlie Sheen, Nicolas Cage und Tom Cruise. Kovic votierte für Penn oder Sheen, Stone hielt

117

Cruise für den geeigneten Kandidaten. Die Vorstellung jedoch, daß der TOP GUN-Held seine Leidensgeschichte spielen würde, behagte Kovic überhaupt nicht. »Allein die *Idee* zu TOP GUN machte mich damals so wütend, daß ich mir den Film niemals angesehen habe«, erklärte Kovic. Oliver Stone ließ diesen Einwand nicht gelten: »Tom ist beim jungen Publikum sehr populär, aber es gab entscheidendere Gründe, weshalb ich ihn für diese Rolle haben wollte«, begründete der Regisseur seine Wahl. »Er ist Ron Kovic in vielem ähnlich, hat die gleiche Geradlinigkeit und Zielstrebigkeit, ist ebenfalls katholisch und Arbeiterkind. Als er klein war, verließ der Vater die Familie: Tom wuchs keineswegs so glücklich auf, wie man nach seinem bisherigen Kino-Image vermutet hätte. Und genau dieses TOP GUN-Image ist perfekt für die erste Hälfte von BORN ON THE FOURTH OF JULY: der nette Junge von nebenan, den alle mögen. Es wurde Zeit, daß man zeigt, was wirklich mit TOP GUN passiert.«

Alle Zweifel wurden ausgeräumt, als Stone und Cruise im Februar 1987 Ron Kovic in seinem Haus in Massapequa auf Long Island besuchten. »Zwischen mir und Tom gab es sofort eine Verbindung«, erinnert sich Kovic. »Mit Pacino hatte ich so etwas nie empfunden. Wir saßen stundenlang in der Küche und redeten, und schließlich fing ich an zu weinen. Oliver fragte mich, ob es mir gutgehe, und ich sagte ihm nur: ›Tom versteht mich, er versteht mich wirklich.‹ Ich hatte das Gefühl, als wäre eine große Last von mir genommen worden, als hätte ich das alles nun an Tom weitergegeben.« Cruise reizten die Anforderungen dieser Rolle, es bereitete ihm keinerlei Probleme, gegen sein Image anzuspielen: »Ich hätte drei, vier, fünf Fortsetzungen von TOP GUN drehen und viel Geld verdienen können. Das hätte endlos so weitergehen können. Aber daran bin ich nicht interessiert.« Wie Stone verzichtete der Schauspieler auf sein übliches Honorar, um die Kosten des Films so niedrig wie möglich zu halten. Beide arbeiteten für den Tariflohn und waren prozentual an eventuellen Gewinnen beteiligt.

Während Cruise noch mit den Proben zu RAIN MAN beschäftigt war, begann er bereits, an seiner Rolle in BORN ON THE FOURTH OF JULY zu arbeiten. Er traf sich häufig mit Kovic, besuchte Veteranen-Krankenhäuser und Rehabilitationszentren und machte sich mit den Bedingungen vertraut, unter denen Gelähmte leben. Cruise ist für die Ernsthaftigkeit bekannt, mit der er sich auf seine Filme vorbereitet, sein Regisseur aber trieb ihn diesmal ganz besonders an. Stone: »Ich habe Tom stark unter Druck gesetzt, vielleicht zu sehr. Ich wollte, daß er immer noch mehr las, immer

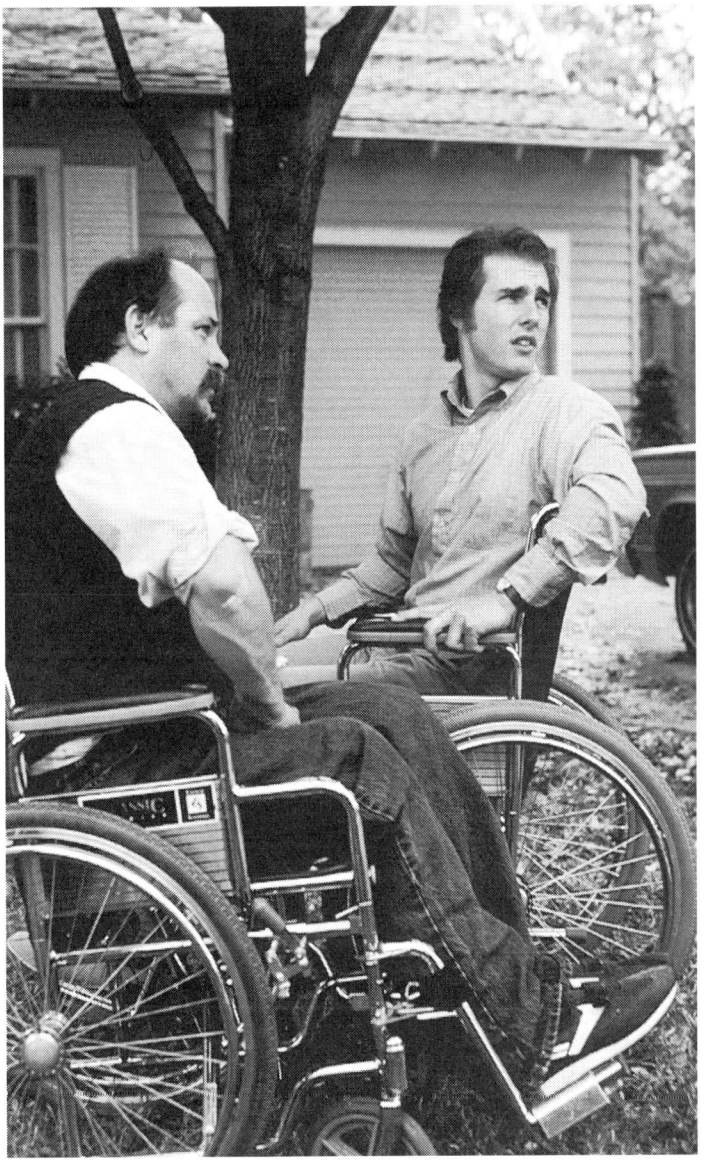

Intensive Vorbereitung: Ron Kovic mit seinem filmischen Alter ego Tom Cruise

In ALL THE RIGHT MOVES durfte er seine Football-Erfahrungen einbringen, hier, in BORN ON THE FOURTH OF JULY, zeigt Tom Cruise sich als Ringer. In dieser Sportart hätte er es im wirklichen Leben zur Profikarriere bringen können, wenn nicht ein Unfall dazwischengekommen wäre

noch mehr Krankenhäuser besuchte. Ich wollte, daß er viel Zeit im Rollstuhl verbrachte, daß er wirklich merkte, was für ein Gefühl das ist. (...) Einmal habe ich ihn dazu überredet, sich ein Mittel spritzen zu lassen, das ihn für zwei Tage gelähmt gemacht hätte. Aber dann legte die Versicherungsgesellschaft – *the killer of all experience* – ihr Veto ein, weil eine geringe Möglichkeit bestand, daß Tom für immer gelähmt geblieben wäre. Aber der Punkt ist, daß er es getan hätte.«

In Ron Kovics Leben herrscht immer und überall Krieg – so jedenfalls schildert es Oliver Stone. Schon als kleiner Junge trägt Ron in den nahe seiner Heimatstadt Massapequa gelegenen Wäldern mit den Spielkameraden Schlachten aus, und am 4. Juli, seinem Geburtstag, bestaunt er die paradierenden Soldaten. Zehn Jahre später, an der High School, wird er vom Ringertrainer militärisch gedrillt, um den bevorstehenden Wettkampf zu gewinnen. Doch Ron gewinnt nicht: Er ist immer der Verlierer. Aber es bleibt ja noch die Illusion, auf den wahren Schlachtfeldern zu den Siegern zu gehören. Mit leuchtenden Augen lauscht Ron den Worten des Rekrutierungsoffiziers (Tom Berenger), der die Schüler für die Marines anwerben will. Ein Marine zu sein, das heißt, fürs Vaterland zu kämpfen, zu den Besten zu gehören und in einer Armee zu dienen, die noch jeden Krieg gewonnen hat. Das will Ron, und dafür verzichtet er sogar darauf, mit der schönen Donna (Kyra Sedgwick) zum Abschlußball zu gehen. Zwar überlegt er es sich in letzter Minute anders, rennt durch den strömenden Regen zum Ball und bekommt noch einen Tanz und einen Kuß, sein Entschluß aber steht fest: Das Vaterland ist wichtiger als die Liebe.

Vietnam ist dann nur eine kurze Episode, im Film kaum eine Viertelstunde. Die hehren patriotischen und soldatischen Ideale

Da träumt er noch von der TOP GUN-*Karriere: Tom Cruise in einer frühen Szene aus* BORN ON THE FOURTH OF JULY

121

sind angesichts der schmutzigen Realität des Krieges bald vergessen, und Ron zählt wieder zu den Verlierern. Er ist an einem Massaker an der vietnamesischen Zivilbevölkerung beteiligt, erschießt versehentlich einen Kameraden und wird schließlich schwer verwundet.

In Amerika – Ron kehrt 1967 zurück – fängt der Krieg erst richtig an: gegen die gleichgültigen Ärzte und Sanitäter, die unwürdigen Zustände im Krankenhaus und die Folgen der Verletzung – Ron wird für immer gelähmt bleiben. In seiner Heimatstadt Massapequa kämpft er wieder um Anerkennung. Immer noch glaubt er, das Richtige getan, seine patriotische Pflicht erfüllt zu haben. Daß im Land plötzlich Proteste gegen das amerikanische Engagement in Vietnam laut und die Soldaten als Verbrecher beschimpft werden, kann er nicht begreifen. Trotzdem bleibt ihm am 4. Juli, als er nach der Parade eine Rede halten soll, das Pathos im Halse stecken.

Vorbei, bevor sie richtig begonnen hat: die Liebe zwischen Ron Kovic (Tom Cruise) und Donna (Kyra Sedgwick)

Willem Dafoe und Tom Cruise in BORN ON THE FOURTH OF JULY

Ron ertrinkt in Selbstmitleid. Daß er niemals ein normales Leben führen wird und keine Kinder zeugen kann, läßt ihn schier verzweifeln. Immer öfter führt seine Frustration zu unkontrollierter Aggression. Schließlich, im Jahre 1970, flieht er vor einer Umwelt, die er nicht mehr ertragen und die mit ihm nichts anfangen kann. Er geht nach Mexiko, wo er andere gelähmte Vietnam-Veteranen trifft, die ihren Schmerz in Alkohol ertränken. Die Tage verbringt man beim Kartenspiel und die Nächte mit Prostituierten. Ron findet ein wenig von diesem bitteren Vergnügen – während der ersten Nacht, die er seit seiner Verwundung mit einer Frau verbringt, kommen ihm die Tränen –, aber keine Befriedigung. Selbst in Mexiko ist sein Alltag geprägt vom Kampf: Einmal beginnt er gar eine Rauferei mit dem Veteranen Charlie (Willem Dafoe), wie er ein Rollstuhlfahrer, bei der beide im Sand landen.
Erst nach seiner Rückkehr in die USA ist Ron plötzlich in der Lage, seine geballte Energie für und nicht gegen etwas einzusetzen. Er schließt sich der Anti-Kriegs-Bewegung an, nimmt an Demon-

strationen teil und protestiert 1972 beim Parteitag der Republikaner gegen die Politik der amerikanischen Regierung. Vier Jahre später hat er seine Autobiographie veröffentlicht und genießt eine Reputation als engagierter Pazifist. Beim Parteitag der Demokraten hält er vor laufenden Fernsehkameras eine Rede an die Nation.

Die Rolle des Ron Kovic stellte Anforderungen an Tom Cruise, die der Schauspieler bis dahin nicht einmal ansatzweise kennengelernt hatte. »Charlie, meine Figur in RAIN MAN«, sagte Cruise, »war in seelischer Hinsicht ein Autist, also spielte ich ihn als einen Mann ohne Gefühle. Ron hält nichts zurück, also mußte ich alles herauslassen. Es war die größte Herausforderung meiner Karriere. Das konnte ich nur schaffen, indem ich von Tag zu Tag arbeitete. Wenn ich mir den ganzen Film ansah, war es einfach zu viel.« Stone kam Cruise entgegen, indem er den größten Teil des Films – der in Texas und auf den Philippinen gedreht wurde – in kontinuierlicher Reihenfolge realisierte. Cruise bedankte sich mit einer furiosen Leistung, die auch die letzten seiner bisherigen Kritiker verstummen ließ. Herausragend sind die Szenen im Hospital, in denen er einerseits die Ohnmacht des Verwundeten spürbar werden läßt und andererseits verbissen gegen sein Schicksal ankämpft. Da ist Ron Kovic noch der Cruise-typische Idealist, der überzeugt ist, mit eisernem Willen jedes Ziel erreichen zu können. Wider besseres Wissen versucht er geradezu fanatisch, das Gehen zu lernen – mit Krücken und Stützverbänden. Spätestens, als er sich dabei ein Bein bricht, entpuppt sich seine Hoffnung als Illusion.

Es liegt in der Tat ein großer Reiz darin, gerade Cruise als einen Mann zu zeigen, der unmöglich schaffen kann, was ihm sonst so sicher und selbstverständlich gelingt. Nur Gesicht und Arme stehen Cruise noch zur Verfügung, um Schmerz und Wut zum Ausdruck zu bringen. Sein Spektrum ist dabei ebenso erstaunlich wie seine Bereitschaft, den eigenen Mythos zu demontieren. Andererseits gelingt es ihm am Ende doch, siegreich aus der Schlacht hervorzugehen (wenn auch im Rollstuhl): Stone inszeniert Kovics Auftritt beim Parteitag der Demokraten als grandiosen Triumph.

Richard Corliss schrieb in *Time* über BORN ON THE FOURTH OF JULY: »Unter anderem ist dies ein Anti-Hollywood-Film. Was, sagen wir, in TOP GUN ganz großartig war – der Krieg, der Sex, die Männerfreundschaft –, das hat hier einen extrem bitteren Beigeschmack. Es ist die Geschichte eines Mannes, dessen Darsteller in jeder Szene wachsen und zusammensinken, wüten und leiden muß. Und Cruise schafft das. Er trägt den Film so heroisch wie ein Soldat, der einen verwundeten Kameraden quer über das Schlachtfeld schleppt. Er ist das Beste an diesem Film.« Corliss' Lob für Cruise impliziert die Kritik am Film als ganzem: Der Schauspieler vollbringt zwar ein beachtliches Kunststück, das ändert aber nichts an der Fragwürdigkeit von Stones inszenatorischen Mitteln und an den Mängeln des Drehbuchs, das so subtil ist

Am Ende ein pazifistischer Kämpfer für Gerechtigkeit: Tom Cruise in BORN ON THE FOURTH OF JULY

125

wie ein Schlag mit dem Holzhammer. Brigitte Desalm kam im *Kölner Stadt-Anzeiger* zu einem vergleichsweise ausgewogenen Urteil: »BORN ON THE FOURTH OF JULY ist eine filmische Zumutung und ein Film von Rang: zweieinhalb Stunden emotionales Dauerfeuer, Szenen, die sich immer wieder zum Außerordentlichen zuspitzen, dramatisch untermalt von der Musik John Williams' und der in Slowmotion-Pathos schwelgenden Kamera.« Andreas Kilb fand in der *Zeit* deutlichere Worte. Er schrieb, Stone gehe es nicht um die Wahrheit seiner Bilder, »sondern um ihren rhetorischen Effekt. Der Film ist ein einziges brüllendes Plädoyer für Ron Kovic, so als habe ein Vietnam-Veteran am Ende der achtziger Jahre solche Töne noch nötig. Andauernd wird, offen oder verdeckt, die Kriegsschuldfrage erörtert, Kennedy und Nixon, die Schule und das Elternhaus kommen abwechselnd auf die Anklagebank, nur eine Möglichkeit ist Stone und seinem Ko-Autor Kovic nicht in den Sinn gekommen: daß nämlich jeder, der der herrschenden Ideologie sich beugt und im Krieg mittut, sein Teil an der Schuld trägt ... Denn zu den tiefsitzenden Vorurteilen des Regisseurs und Kriegsveteranen Stone gehört der Glaube, daß nur derjenige ein ganzer Kerl ist, der in Vietnam mit dabei war. (...) Oliver Stones Kino ist ungefähr so hemdsärmelig wie die Musik von Bruce Springsteen. Wie der Rocksänger appelliert er in Bild und Ton an das Wir-Gefühl der *good people of America.* Aber Stone ist, anders als Springsteen, kein Mann der Masse, sondern ein Oberlehrer. Das macht seine Filme (ausgenommen TALK RADIO) unerträglich. Aus ihnen schlägt einem der Mief des pseudoliberalen, mittelständischen Amerika entgegen. Das Oscar-Komitee wird Oliver Stone gewiß nicht übergehen.«
Das war eine richtige, wenngleich nicht schwer zu treffende Prognose. In Hollywood galt ja schon immer das ungeschriebene Gesetz: Setze deinen Hauptdarsteller in den Rollstuhl, und die Oscar-Nominierung wird dir sicher sein. Der Film gewann zwei *Academy Awards,* für die Regie und für den Schnitt. Fünf weitere Male wurde er nominiert, und diesmal zählte auch Tom Cruise zu den Auserkorenen. Er gewann die begehrte Trophäe zwar nicht, konnte sich aber immerhin mit einem Golden Globe trösten.
An den Kinokassen hatte sich das Risiko, das Cruise mit BORN ON THE FOURTH OF JULY eingegangen war, nicht ausgezahlt. Nach vier Cruise-Hits in Folge war der Film der Beginn einer Serie von relativen Mißerfolgen, er blieb in den USA mit einem Einspiel von rund 70 Millionen Dollar hinter den Erwartungen zurück. Für Cruise, der auf einer ausgedehnten PR-Tour alles versucht hatte,

Wer ist denn nun der Verwundete? Regisseur Oliver Stone und Tom Cruise amüsieren sich während einer Drehpause

Kraftanstrengung: Tom Cruise als Ron Kovic

um den Film zu unterstützen, muß das eine herbe Enttäuschung gewesen sein. Regisseur Oliver Stone dachte weniger an die materielle Seite, als er die Spuren zu beschreiben versuchte, die BORN ON THE FOURTH OF JULY an seinem Hauptdarsteller hinterlassen hatte: »Ein Teil von Tom hat nun den Übergang von der Jugend zum mittleren Alter vollzogen. So, wie PLATOON Charlie Sheen verändert hat, so wird es auch für Tom schwer werden, zu seiner früheren Unschuld zurückzukehren. Er wird Ron Kovic immer mit sich herumtragen. Ganz gleich, was uns Laurence Olivier weismachen wollte, er wird diese Rolle nicht einfach wie ein altes Kostüm in den Schrank hängen können.«

Top Car

»Eines unserer größten Probleme war es, ihn von den Rennwagen fernzuhalten. Hätten wir ihn gelassen, wäre er alle Rennen selbst gefahren.«

(Jerry Bruckheimer über Tom Cruise)

In seiner Freizeit fährt er Motorrad, bei der Arbeit steuert er größere Maschinen. Er liebt die Geschwindigkeit und den Wettkampf und könnte der Beste sein, wenn er sich nicht immer wieder selbst im Wege stünde. Dennoch kommt er nie auf die Idee, an seinen Fähigkeiten zu zweifeln, und auch wenn er nicht am Steuer sitzt, verfügt er über ein unverschämtes Selbstbewußtsein. Er verliebt sich in eine Akademikerin, die eigentlich gar nicht zu ihm paßt, seinem Charme aber trotzdem erliegt. Ein schwerer Unfall, bei dem ein Kollege zu Schaden kommt, löst eine Krise aus – wie gelähmt ist er danach und kurz davor, die Karriere an den Nagel zu hängen. Doch dann nimmt er noch einmal alle Energie und allen Mut zusammen, gibt sein Bestes und feiert schließlich einen großen Triumph.

Das ist die Geschichte von Pete »Maverick« Mitchell aus TOP GUN. Und es ist die Geschichte von Cole Trickle aus DAYS OF THUNDER. Maverick fliegt F-14-Jagdbomber für die Navy, Cole steuert Stock Cars bei professionellen Autorennen. Maverick ist ein Hasardeur unter den Piloten; er kann so lange nicht die Nummer eins sein, wie ihn die Erinnerung an den Tod seines Vaters immer wieder zu tollkühnen und viel zu riskanten Manövern antreibt. Cole fährt wie ein Wilder, weil ihm das technische Knowhow im Umgang mit den Wagen fehlt. Maverick verliebt sich in eine Astrophysikerin, Cole in eine Gehirnchirurgin. Maverick verliert seinen Co-Piloten, Cole verletzt einen Konkurrenten. Maverick schießt die Feinde ab, Cole gewinnt das wichtigste Rennen der Saison. Die beiden könnten gute Freunde sein.

Immer wieder hätte er TOP GUN drehen und dabei viel Geld verdienen können, hatte Cruise anläßlich von BORN ON THE FOURTH OF JULY erklärt, aber daran sei er nicht interessiert gewesen. An diese Worte fühlt man sich angesichts von DAYS OF THUNDER unweigerlich erinnert, so offenkundig wiederholt der Film die Struktur des Fliegerspektakels. Natürlich ist er weder Fortsetzung noch Remake, dennoch wirkt er wie eine Kopie, wenn nicht wie ein Plagiat. Cruise wies solche Vergleiche entschieden zurück. »Es gibt

Leute«, sagte er, »die alles in Schubladen packen wollen. Leute, die die Dinge nicht als das erkennen, was sie sind.«

Doch was ist DAYS OF THUNDER? Ein Film über Maschinen, Technik und Gefahr, über Männer, denen kein Risiko zu groß ist, wenn es darum geht, die Maschinen, die Technik und die Gefahr zu kontrollieren. Ein Film über einen jungen Trotzkopf und seinen Reifeprozeß, über das Überwinden von inneren und äußeren Barrieren. Da mögen die einzelnen Elemente auch noch so verschieden sein, im Ton, im Aufbau und in der Aussage (die hier zwar

We are on the race track: Tom Cruise in DAYS OF THUNDER

Mit starrem Blick im Kreis herum: Tom Cruise in DAYS OF THUNDER

nicht explizit politisch ist, aber genauso *macho*) gleichen sich die Filme wie ein Ei dem anderen. Der einzige bedeutsame Unterschied ist, daß Cole Trickle einen Lehrer an die Seite gestellt bekommt. Harry Hogge (Robert Duvall) wird zum Trainer und Ersatzvater, zum Freund und Helfer in schwierigen Zeiten. Er bringt Cole bei, wie ein Auto funktioniert und wie man es richtig behandelt, er führt ihn zu seinen ersten Siegen und am Ende aus der Krise. Zu dieser Figur gibt es kein Pendant in TOP GUN, wo Maverick (fast) alles mit sich allein abmachen muß, sie erinnert eher an Paul Newman in THE COLOR OF MONEY oder an Bryan Brown in COCKTAIL.

Daß DAYS OF THUNDER allen TOP GUN-Parallelen zum Trotz für Cruise über eine völlig eigene Qualität verfügte, lag vor allem daran, daß der Schauspieler sich mit diesem Film einen Wunschtraum erfüllte. Rennwagen bedeuteten ihm nämlich mehr als Düsenjets: »Ich wollte die Zuschauer eine Fahrt von 200 Meilen pro Stunde mitmachen lassen, von der sie noch lange reden würden. Ich dachte an all die Eindrücke, die man auf der Rennbahn gewinnt. Der Geruch von verbrennendem Gummi, das unglaubliche Gefühl, wenn man in der Kurve steht und die Wagen so schnell angerast kommen, daß es einen fast umhaut. Ich wollte diese Welt, in der Erfolg und Niederlage sich von Woche zu Woche abwechseln, von innen her zeigen.«

Die Idee zu einem Film über Stock Cars und ihre Piloten war dem Hobby-Rennfahrer Cruise schon nach den Dreharbeiten zu THE COLOR OF MONEY gekommen. Gemeinsam mit Paul Newman besuchte er damals den Daytona International Speedway und bekam erstmals die Gelegenheit, selbst ein Stock Car zu fahren. Cruise war restlos begeistert. Einem Interviewer erklärte er später, er habe sich gefühlt, als sei er in »eine andere Dimension« vorgedrungen.

Kurz darauf begann er, auf eigene Faust die Story zu DAYS OF THUNDER zu entwickeln. Er verfaßte ein Treatment und schlug dem Paramount-Executive Ned Tanen das Projekt vor. Tanen war einverstanden und engagierte den Autor Donald Stewart, um ein Drehbuch zu schreiben. Stewarts Skript stellte jedoch weder Tanen noch Cruise zufrieden, und so baten sie die TOP GUN-Produzenten Don Simpson und Jerry Bruckheimer um Unterstützung. Das Erfolgsduo befand sich zu dieser Zeit gerade in Vertragsverhandlungen mit Paramount und konnte äußerst ungewöhnliche Konditionen für sich herausschlagen: Die beiden sollten innerhalb der nächsten fünf Jahre fünf Filme mit einem Ge-

Oben: Jerry Bruckheimer, Don Simpson und Tom Cruise. Unten: Robert Duvall, Robert Towne und Tom Cruise

Tom Cruise und Tony Scott, der einzige Regisseur, mit dem der Schauspieler bisher zweimal zusammenarbeitete

samtetat von 300 Millionen Dollar für das Studio herstellen und erhielten dabei in kreativer Hinsicht vollkommen freie Hand. Zu einer erneuten Zusammenarbeit mit Cruise waren sie nun nur zu gern bereit. (DAYS OF THUNDER wurde der erste Film des Paramount-Pakets.)

Schon zu TOP GUN-Zeiten hatten der Schauspieler und die beiden Produzenten perfekt harmoniert, was Don Simpson damals zu einer prophetischen Aussage verleitet hatte: »Ich bin an mehr als 100 Filmen beteiligt gewesen, und mein Partner hat 50 gemacht. Wir haben bisher nie die Notwendigkeit gespürt, jemand anderen so sehr an jedem Aspekt der Produktion zu beteiligen. Aber Tom hat den Überblick, er sieht nicht nur seine eigene Rolle. Ich habe keinen Zweifel daran, daß er eines Tages Regie führen wird.« So weit hatte Cruise es 1989 noch nicht gebracht, immerhin aber initiierte er nun erstmals ein Projekt und steuerte auch selbst die Story bei.

Simpson und Bruckheimer verpflichteten mit Warren Skaaren einen weiteren Drehbuchautor. Während er sich an die Arbeit machte, verhandelten sie mit der NASCAR (National Association for Stock Car Auto Racing), deren Unterstützung ebenso

Auch wenn sie auf diesem Foto seltsam unbeteiligt wirken, im Film geben sie einander ordentlich Zunder: Tom Cruise, Nicole Kidman und Michael Rooker

notwendig war wie damals die der Navy bei TOP GUN. Außerdem komplettierten sie das TOP GUN-Team, indem sie Tony Scott als Regisseur unter Vertrag nahmen. Scott ist damit der bisher einzige Filmemacher, mit dem Cruise zweimal zusammengearbeitet hat.

Die Drehbuchprobleme aber waren immer noch nicht gelöst. Skaaren gab auf, nachdem auch seine siebte Fassung die Produzenten nicht überzeugte. Simpson und Bruckheimer engagierten daraufhin einen Mann, der sich in Hollywood den Ruf eines genialen Skript-Doktors erworben hatte: Robert Towne. Er fing noch einmal von vorne an und schrieb eine »neue« Geschichte. Einige Rezensenten mokierten sich später darüber, daß ein versierter Autor wie Towne an derart simpler Genrekost überhaupt mitgearbeitet hatte. Seine Leistung bestand vor allem darin, den Figuren intelligentere Dialoge in den Mund zu legen, als das bei dieser Art von Filmen gemeinhin der Fall ist. Die Story dagegen blieb auch nach Townes Bearbeitung flau und unausgegoren. Sie hat kaum einen anderen Zweck, als die zahlreichen Rennszenen zu motivieren, und wirkt besonders konstruiert, wenn der Film

Tom Cruise

Lehrer und Schüler im Disput: Robert Duvall und Tom Cruise. Randy Quaid schaut zu

nach dem Unfall von Rowdy Burns (Michael Rooker) praktisch noch einmal von vorn beginnt. Russ Wheeler (Cary Elwes) wird als neuer Konkurrent Cole Trickles eingeführt, und Cole kommt wieder von ganz unten, um sich schließlich den Platz an der Spitze zu erobern. Nigel Floyd schrieb im *Monthly Film Bulletin:* »Über weite Strecken ist dies ein geschmackloses, lautes Starvehikel für Tom Cruise, und zwar eines, das sich – wie die Stock Cars, die er fährt – im Kreis dreht, ohne irgendwo anzukommen.« Die Dreharbeiten zu DAYS OF THUNDER begannen Anfang Dezember 1989 in Charlotte, North Carolina, und wurden im folgenden Jahr in Daytona Beach, Florida, und in Darlington fortgesetzt. Die 55-Millionen-Dollar-Produktion (allein neun Millionen davon gingen an Cruise) entstand unter hektischen Bedingungen. Alles mußte sehr schnell gehen, da der Film bereits im Sommer 1990 starten sollte. Towne dokterte während der gesamten Drehzeit am Skript herum, und die Darsteller erhielten ihre Dialoge oft

Geschafft: Randy Quaid, Tom Cruise und Robert Duvall freuen sich über den Triumph

erst in letzter Minute. Cruise gewöhnte sich an, seinen Text auf das Lenkrad zu kleben und ihn während der Aufnahmen abzulesen. »Ich fuhr den Wagen und versuchte, diese Zeilen zu lesen, die ich gerade bekommen hatte«, erzählte er später. »Einmal verlor ich deshalb ganz plötzlich die Kontrolle über den Wagen und raste gegen die Fahrbahnbegrenzung. Danach versuchten wir etwas anderes. Bob Towne sprach mir meine Dialoge über Funk ein, und ich hörte sie über den Kopfhörer. Er las vor, und ich sprach nach. Wenn es also im Film aussieht, als ob mein Trainer mit mir redet und ich konzentriert zuhöre, dann war es eigentlich so, daß ich auf meine nächste Zeile wartete.«

Wie bei vielen seiner früheren Filme meisterte Cruise vor allem den sportlich-technischen Aspekt seiner Rolle mit Bravour. Zwar wurde er in den gefährlicheren Szenen gedoubelt, zumeist saß er

Wurden nach den Dreharbeiten ein Paar: Tom Cruise und Nicole Kidman

jedoch selbst am Steuer. Rick Hendrick, ein Rennstallbesitzer, der bei der Produktion als Berater fungierte, charakterisierte den Schauspieler folgendermaßen: »In unserem Beruf suchen wir Fahrer, die ein Gefühl für das Auto haben, ein natürliches Talent. Das hat Tom. Und er hat keine Angst, wenn er im Wagen sitzt. Ich habe noch nie jemanden so schnell Fortschritte machen sehen wie ihn.«

Anders als etwa in THE COLOR OF MONEY, COCKTAIL oder BORN ON THE FOURTH OF JULY, wo Cruise am Billardtisch, hinter der Theke und im Rollstuhl sein Talent unter Beweis gestellt hatte, physischen Anforderungen gerecht zu werden, war es für DAY OF THUNDER letztlich unbedeutend, ob Cruise die Autos tatsächlich selbst steuerte (wie es auch unerheblich war, ob Cruise in TOP GUN die Jets flog) – beeindrucken kann er den Zuschauer mit seinem fahrerischen Können nicht. Und jenseits der Rennbahn ist Cruise die große Enttäuschung des Films. Während vor allem Robert Duvall, aber auch Michael Rooker und Nicole Kidman als Ärztin in ihren Rollen überzeugen, wirkt er seltsam unbeteiligt, fast lethargisch. »Man darf sicher nicht von Cruise erwarten, daß er seine herzzerreißende Vorstellung aus BORN ON THE FOURTH OF JULY hier übertrifft«, hieß es in *Variety,* »aber wenn er auch weiterhin die ziemlich uninteressante Rolle des unerfahrenen, aber großspurigen Jungen spielt, wird man BORN ON THE FOURTH OF JULY möglicherweise eines Tages als den verfrühten Höhepunkt seiner Karriere ansehen. (…) DAYS OF THUNDER beutet sein liebenswertes Lächeln und seine entwaffnende Verletzlichkeit aus und zeigt ihn zwischendurch immer wieder als emotionalen Verlierertypen. Das ist eine unentschlossene und unbefriedigende Mixtur.«

Diese Mischung erfüllte bei ihrer Kinoauswertung denn auch keineswegs die Erwartungen und erreichte nicht einmal annähernd das Resultat des TOP GUN-Vorbilds. Von einem Flop kann man bei einem weltweiten Einspiel von 195 Millionen Dollar dennoch kaum sprechen. Rätselhaft an DAYS OF THUNDER blieb in jedem Falle, warum Cruise, der in seinen beiden vorangegangenen Filmen so überzeugend aufgetrumpft und bei diesem ein starkes persönliches Engagement eingebracht hatte, so sehr hinter seine letzten Leistungen zurückfiel. Während der Dreharbeiten gaben Don Simpson und Jerry Bruckheimer ihm den Spitznamen *Laserhead,* weil Cruise sie mit seiner neuen Angewohnheit irritierte, sein jeweiliges Gegenüber mit einem starren und konzentrierten Blick zu fixieren. Etwas hatte sich verändert.

Tom Cruise in Outer Space?[1]

*»Mach Geld, mach mehr Geld, sorge dafür,
daß andere Geld machen.«*[2]

(L. Ron Hubbard)

Als L. Ron Hubbard 1950 seinen Psycho-Ratgeber »Dianetics: The Modern Science of Mental Health« (Dianetik – Die moderne Wissenschaft der geistigen Gesundheit) veröffentlichte, konnte er nicht ahnen, daß er mit diesem Buch den Grundstein zu einem neuen Kult legen würde. Bis dahin hatte sich der Autor ausschließlich auf dem Gebiet der Fiktion versucht, hauptsächlich mit Science-fiction-Romanen. Der Erfolg war dabei, in literarischer wie in kommerzieller Hinsicht, eher bescheiden geblieben. »Dianetics« hingegen entwickelte sich in Windeseile zum Bestseller und ist »mit zehn Millionen verkauften Exemplaren in vier Jahrzehnten ein Phänomen auf dem Buchmarkt (wenngleich viele Exemplare von Scientologen erworben wurden, die ihre Verkaufszahlen schönen wollten). Es ist der Big Mac unter den Selbsthilfebüchern und wird immer noch aggressiv und erfolgreich vermarktet. Die Hauptzielgruppe sind Manager-Typen, die in ihrer Karriere vorankommen wollen.«[3]
Seine wachsende Fangemeinde versorgte Hubbard schon bald mit zusätzlichem Lesestoff. 1951 publizierte er »A History of Man« (Eine Geschichte des Menschen), die mit dem Satz »Dies ist ein kaltblütiger Tatsachenbericht über die vergangenen 60 Milliarden Jahre«[4] begann, drei Jahre später folgte »Scientology: Die Grundlagen des Denkens«. Hubbard, ein erklärter Gegner der herkömmlichen Psychiatrie, untermauerte seine Psycho-Lehre mit historischen »Fakten«, die er in bewährter Science-fiction-Manier präsentierte. »Vor 35 Milliarden Jahren«, schrieb er über die Ursprünge allen menschlichen Übels, »löste ein böser Fürst namens Xenn das Problem der Überbevölkerung auf einem anderen Planeten, indem er zwei Billionen Thetane zur Erde brachte, die zu jener Zeit als Teegeeack bekannt war – er stopfte sie in Wasserstoffbomben, die er in einem Vulkankrater explodieren ließ – durch die Explosion wurden die Thetanen, an elektrische Kabel angeschlossen, bis hoch in den Himmel geschleudert – dann wurde ihnen die gesamte R6-Bank eingeprägt, sie wurden in ein Flugzeug geladen und wieder auf die Erde geworfen ...«[5]
Hubbard charakterisierte die Thetanen als unsterbliche, zeit- und

masselose Wesen, die den menschlichen Körper als Wirt benutzen und nach dessen Tod zu einem anderen Menschen weiterwandern. Bei diesem Transfer nehmen sie sämtliche »Engramme« mit, die jeder Erdenbürger im Lauf seines Lebens angesammelt hat. Dabei handelt es sich beispielsweise um negative frühkindliche Erlebnisse, die im »reaktiven Geist« gespeichert werden. Der Gegensatz zum reaktiven Geist ist der »analytische Geist«, das eigentliche Bewußtsein. »Soweit der Kern der Theorie, der – unschwer zu erkennen – die Freudsche Theorie von Bewußtsein und Unterbewußtsein auf dem Niveau von Comic-Heften darbietet.«[6] Engramme sind laut Hubbard verantwortlich für alle Arten von Krankheiten und Störungen; den Menschen von ihnen zu befreien ist das Ziel von Scientology. Zu diesem Zweck ersann Hubbard folgende Therapiemethode: Während einer »Auditing« genannten Sitzung versucht ein »Auditor«, Engramme beim Patienten aufzuspüren und zu löschen. Dabei wird der Patient oft mehrere Stunden lang gezwungen, dem Therapeuten pausenlos direkt in die Augen zu schauen. (Wenn man so will, gilt der von Simpson und Bruckheimer für Tom Cruise kreierte Spitzname *Laserhead* für alle Scientologen.) Der Auditor benutzt während der Behandlung ein »E-Meter«, ein von Hubbard entwickeltes Gerät, das wie ein Lügendetektor funktioniert und angeblich den Erfolg der Therapie anzeigen soll. Sind, nach einer langen Reihe von Auditings, alle Engramme einer Person gelöscht, ist diese »clear« und darf sich »Operierender Thetan« nennen.

Die scientologische Lebensphilosophie brachte ihrem Erfinder ein Vermögen ein. Allein der Verkauf seiner Bücher machte Hubbard zum Multimillionär, wesentlich größere Summen aber dürfte er mit seiner Behandlungstechnik verdient haben. Schon kurz nach der Einführung des Auditing wurden in immer mehr scientologischen Filialen immer mehr neue Mitglieder auf die »Brücke« geschickt (so heißt im Scientology-Jargon der Weg zum »Clear«-Zustand) und kräftig zur Kasse gebeten. Heutzutage kann die »Behandlung … ein Leben lang dauern und bis zu 400 000 Dollar kosten«.[7] Als Gegenleistung verspricht die Organisation Glück, Zufriedenheit und Erfolg. 1959 zählte die *Church of Scientology,* wie das Unternehmen sich inzwischen nannte, nach eigenen Angaben weltweit bereits 1,8 Millionen Mitglieder, heute sind es acht Millionen.[8]

Hubbard verfaßte zeit seines Lebens weitere Ratgeber und Schriften und schrieb zahllose Anweisungen und Richtlinien für seine Anhänger. Gelegentlich verblüffte er die Öffentlichkeit auch mit spektakulären Behauptungen. So gab er am 11. Mai 1963 bekannt, daß er zwei Tage zuvor »abends um zehn Uhr und eine halbe Minute für 43 891 832 611 177 Jahre, 344 Tage, zehn Stunden, 20 Minuten und 40 Sekunden den Himmel besucht« habe. Von einer weiteren Expedition ins Weltall kehrte Hubbard eher betrübt zurück. »Die Stätte ist verfallen«, ließ er seine Gemeinde wissen.[9]

Hubbards erklärtes Ziel war stets die Profitmaximierung. Unter seiner Regie entstand bis Ende der siebziger Jahre ein weitverzweigtes Netz von Firmen und Tarnorganisationen, dessen Charakter und Ziele Jörg Herrmann, Herausgeber einer kritischen Scientology-Studie, folgendermaßen beschreibt: »Die Scientology-Organisation ist keine Religionsgemeinschaft, sondern ein multinationaler Konzern zur weltweiten Vermarktung einer Psychotechnik, die ihr Erfinder weltanschaulich überhöht, mit einigen religiösen Elementen gewürzt und vermutlich nur aus PR-strategischen und steuerrechtlichen Gründen mit dem Etikett Kirche versehen hat. Es geht nicht um Gott, sondern um Geld, um Macht und um eine magische Heilsbotschaft. (...) Oberstes Ziel ist und bleibt die globale Erlösung durch die scientologische Weltherrschaft.«[10]

Kritiker bezeichnen Scientology als »totalitäre(s) Lebens- und Denksystem«[11], das seine Anhänger hemmungslos ausbeutet und mittels Gehirnwäsche zu willenlosen Sklaven macht. Die während des Auditings gewonnenen Erkenntnisse über die Privatsphäre der Mitglieder werden penibel protokolliert und bei einem eventuellen späteren Ausstieg als Druckmittel benutzt. Die Organisation drängt Scientologen dazu, Familienangehörige entweder zum Eintritt zu bewegen oder sich von diesen loszusagen. Denn – so die Scientology-Richtlinie – wer nicht dazugehört, ist ein Gegner, und Gegner werden radikal bekämpft. »Schätzungen besagen, daß Scientology jährlich etwa 20 Millionen Dollar für mehr als 100 Rechtsanwälte ausgibt. Sie führen nicht nur den Steuerkrieg mit den Finanzämtern, sondern vertreten die Organisation auch gegenüber den vielen Klagen ehemaliger Mitglieder und überziehen ihrerseits Kritiker mit Gerichtsverhandlungen. Seit den siebziger Jahren häufen sich auch Vorwürfe, daß Scientology die Auseinandersetzungen mit dem ›Feind‹ nicht auf den Gerichtssaal beschränkt. Nächtlicher Telefonterror, Bespitzelungen, Verleumdungskampagnen bis hin zum Rufmord, Einbrüche, Diebstähle und Morddrohungen, kurz Einschüchterungsversuche aller Art, gehören, laut Medienberichten und Gerichtsurteilen, zum Markenzeichen scientologischer Politik.«[12] Daß die Scientology-»Kirche« mit humanen Anliegen nicht viel im Sinn hat, zeigt die Tatsache, daß sie ihre Mitglieder auffordert, Spenden in eine sogenannte »Kriegskasse« einzuzahlen. Aus diesem Topf werden die Feldzüge gegen unliebsame Gegner finanziert. Auch die internen Korrespondenzen, die gelegentlich an die Öffentlichkeit dringen, lassen tief blicken. So heißt es in einem Strategiepapier aus dem Jahre 1992: »Die Planung für Scientology ist so angelegt, daß die Fähigen fähiger gemacht werden, während die Unfähigen vorerst sich selbst überlassen bleiben, bis wir richtige Anstalten für sie gebaut haben. Wenn wir das machen, wachsen wir. Wenn wir, wie das einige unkluge Leute tun, uns die Unfähigen, die Hilflosen und Zurückgebliebenen aufhalsen, werden wir nicht in der Lage sein, schnell genug voranzuschreiten.«[13]

Tom Cruise ist bekennender Scientologe. Hat er, wie es das Magazin *California* in Anspielung auf Hubbards Weltraumabenteuer doppeldeutig formulierte, »*A Cruise in Outer Space*«[14] angetreten? Und welche Rolle spielt er im »Kult der Gier«[15], zu dem das *Time Magazine* die Organisation in einer Titelstory stempelte? In seinen Äußerungen zu diesem Thema neigt Cruise zum Understatement. Über seine Legasthenie, sagt er, sei er dank Scientology hinweggekommen: »Ich habe eine Lerntechnik angewendet, die L. Ron Hubbard entwickelt hat. Mit Hilfe dieser Technik habe ich mir die Fähigkeit angeeignet, zu lernen und zu lesen, was ich will. Wer weiß, ob ich wirklich Legastheniker war oder nicht? Vielleicht habe ich das Lernen als Kind einfach nur falsch angefangen. Wenn man [Hubbards] Buch liest, versteht man gewisse Phänomene, die einem helfen können. Mehr hat es damit nicht auf sich.«[16] Überhaupt sei Scientology »wirklich keine große Sache; jedenfalls nicht für mich. (...) Ich habe bei all meiner Arbeit, während meines ganzen *Lebens* darauf geachtet, ob etwas machbar ist: Funktioniert es, oder funktioniert es nicht? Das ist *meine Entscheidung.* Ich leite meine eigene Firma, plane meine Karriere, habe eine Agentin, die mich berät und keine Scientologin ist, wissen Sie? Sie gibt mir Drehbücher, ich lese sie, und ich entscheide, was ich tun will – was *ich* tun will. Und ich denke nicht daran, *irgend jemandem* zu sagen, wie er sein Leben leben soll – nicht meiner Frau, nicht meiner Mutter, nicht meinen Schwestern.«[17]

Ron Hubbard erkannte schon früh, daß einer Organisation wie Scientology prominente Aushängeschilder zur Imagepflege sehr nützlich sind. Mitte der Fünfziger rief er das »Project Celebrity«

ins Leben, um bekannte Persönlichkeiten aus Kunst und Kultur für Scientology zu gewinnen. Zu seinen favorisierten Kandidaten zählten unter anderem Orson Welles, Danny Kaye, James Stewart, Greta Garbo, Walt Disney, Daryl F. Zanuck, Cecil B. DeMille – keinem aus dieser illustren Riege stand jedoch der Sinn nach der Hubbardschen Erleuchtung. Es mußten noch 20 Jahre vergehen, ehe die Scientology ihren Siegeszug in Hollywood antrat. John Travolta, Disko-König aus SATURDAY NIGHT FEVER (Nur Samstag nacht), war der erste Schauspieler mit Starstatus, der sich der Organisation anschloß, inzwischen hat ihn Tom Cruise als Vorzeige-Hubbardianer abgelöst. John H. Richardson listet in einem *Premiere*-Artikel[18] weitere prominente Mitglieder auf: Nicole Kidman, Anne Archer, Juliette Lewis, Mimi Rogers, Karen Black, Kirstie Alley, Kelly Preston, Priscilla und Lisa Marie Presley. Neben einer ganzen Reihe von weniger bekannten Darstellern nennt er auch den Drehbuchautor Floyd Mutrux, den Komponisten Mark Isham, den Regisseur Dror Soref sowie die Schauspiellehrer Manu Tupou und Milton Katselas. Stippvisiten bei Scientology sollen unter anderem Patrick Swayze, Don Simpson, Brad Pitt sowie der Autor und Regisseur Ernest Lehman gemacht haben. »Scientologys Präsenz in Los Angeles und Hollywood«, schreibt Richardson, »ist massiv. [Die Organisation] besitzt mindestens sieben große Gebäude, in denen 2500 Mitglieder arbeiten, und ist mit einer beträchtlichen Menge von lokalen Firmen und Gesellschaften verbunden.«[19]

Die – zumindest für den Kulturbetrieb – wichtigste Einrichtung in L. A. ist das »Celebrity Center International«, ein großzügig angelegter Prachtbau, der der Scientology-Prominenz vorbehalten ist. Dort »wird ein breites Spektrum von speziellen Kursen und Programmen angeboten, die meisten davon sollen helfen, die Fähigkeit zur Kommunikation zu verbessern. Außerdem werden Konzerte und Lesungen abgehalten, Filme vorgeführt ... und Seminare angeboten, beispielsweise ›Wie man als Fernsehautor erfolgreich wird‹, ›Neue-Energie-für-Künstler-Workshop‹ und ›Erfolg in der Musikindustrie‹«.[20]

Die Organisation lockt die an einer Karriere im Filmgeschäft Interessierten auch mit Anzeigen in Branchenblättern (in denen von Scientology selten die Rede ist) in ihre Kurse. Das Zauberwort lautet dabei immer wieder *Erfolg*. Die wichtigsten Rekrutierungshelfer aber sind die bereits überzeugten Mitglieder: Hubbards Lehre verbreitet sich nach dem Schneeballprinzip. Schlüsselfiguren, weil Multiplikatoren, sind dabei Schauspiellehrer wie Katse-

Welcome to the Club: Die Scientology-Prominenz. Von links oben im Uhr-zeigersinn: Karen Black, John Travolta, Kirstie Alley, Anne Archer, Priscilla Presley, Juliette Lewis

las, die ihren Schülern nicht nur das Spielen beibringen, sondern sie auch an Hubbards Lehre heranführen. Eine andere eminent wichtige Scientologin ist Mimi Rogers. Sie gehörte der Organisation schon als Kind an, auditierte bereits im Alter von 15 Jahren und war in erster Ehe mit dem Scientologen Parker Stevenson verheiratet, inzwischen der Ehemann von Kirstie Alley. Alley wiederum ist seit jeher eng mit Rogers befreundet[21], als »Kokain-abhängige kam sie 1979 in Kontakt mit ›Narconon‹, dem Drogen-entzugsprogramm von Scientology. Nach erfolgreicher Therapie begann ihre schauspielerische Laufbahn. Noch immer der Orga-nisation verbunden, die ihr Leben so entscheidend verändert hat, spendet sie einen beträchtlichen Teil ihrer Einnahmen an die Hubbard-Jünger. Außerdem fungiert sie als internationale Sprecherin eines Drogen- und Alkohol-Therapiezentrums von Narconon in Oklahoma«.[22]

Die Frau im Hintergrund: Mimi Rogers

Alley rührt ebenso begeistert die Werbetrommel für Scientology wie John Travolta, mit dem sie gemeinsam in LOOK WHO'S TALK-ING (Kuck' mal, wer da spricht) auftrat. Travolta allerdings wird nachgesagt, er habe vergeblich versucht, die Organisation zu verlassen; man soll ihm für den Fall seines Ausstiegs angedroht haben, während des Auditings preisgegebene Details über seine Homosexualität an die Öffentlichkeit zu bringen.[23] Seit seiner reumütigen Rückkehr steht er wieder voll und ganz zu Scientology. Travolta unterhält eine freundschaftliche Beziehung zu Kirstie Alley, auf deren Anwesen in Oregon er sich gelegentlich auf seine kommenden Projekte vorbereitet. Dort trifft er hin und wieder auch seinen scientologischen Bundesgenossen Tom Cruise, ebenfalls ein Freund Alleys.[24]

Cruise schloß sich Scientology an, während er mit Mimi Rogers verheiratet war. Es gehört nicht viel Phantasie dazu, sich vorzustellen, daß die überzeugte Hubbardianerin nicht lockerließ, ehe ihr Mann nicht der Organisation beigetreten war. Cruise ist damit keineswegs ein Einzelfall: Scientology verbreitet sich häufig durch Partnerschaften. Über die genauen Hintergründe und Motive von Cruise' Beitritt ist nichts bekannt; darüber läßt sich ebenso nur spekulieren wie über den Einfluß, den Scientology auf sein tägliches Leben ausübt. Grundsätzlich stellt sich die Frage, was erwachsene Menschen in die Arme eines Kultes treibt, dessen Begründer seine Philosophie weitgehend auf Science-fiction-Humbug fußen ließ und der immer wieder wegen seiner rabiaten Methoden und kriminellen Machenschaften in die Schlagzeilen gerät. Möglicherweise wissen die Betroffenen (am Anfang) nichts über diese Tatsachen und werden angezogen von den verlockenden Versprechungen der Scientology. Jörg Hermann bietet einen Erklärungsansatz: »Daß immer wieder Führungskräfte aus der Wirtschaft [mit denen ein erfolgreicher Schauspieler wie Cruise durchaus vergleichbar ist; d. A.] dem schlichten Charme der Seelenfänger erliegen, mag mit den besonderen beruflichen Anforderungen zu tun haben. Arbeitsstreß, Erfolgsdruck und die oft fehlende Gelegenheit, um mit sich selbst ins reine zu kommen, fördern den Hunger nach philosophischem Fast food. Während viele Religionen den Weg zur Seligkeit mit beschwerlichen Hindernissen gepflastert haben, verspricht Scientology eine komfortable Lösung: Erleuchtung per Knopfdruck, Erkenntnis im Fernkurs. Der Fortschritt läßt sich bequem über den Terminkalender steuern. Selig sind, die die Kreditkarte zücken.«[25]

Möglicherweise bietet Scientology den Mitgliedern tatsächlich We-

Scientologen-Elite: Nicole Kidman und Tom Cruise

ge, ihre persönlichen Probleme anzugehen und – im Idealfall – zu überwinden. Kirstie Alley war drogenabhängig, John Travolta galt als unsicher und zu sensibel, Tom Cruise war Legastheniker und sehr schüchtern, zudem schaffte er den Sprung nach ganz oben so schnell, daß es durchaus fraglich ist, ob und wie er die plötzliche Prominenz verarbeiten konnte. Andererseits sollte die Frage erlaubt sein, ob es nicht auch andere Möglichkeiten gegeben hätte, sich diesen Problemen zu stellen. Die Leistung der scientologischen Methode bestand in diesen Fällen wahrscheinlich in erster Linie darin, daß jemand während des Auditings *zugehört* hat.

Von der Realität des durchschnittlichen Scientology-Mitglieds sind die prominenten Hubbard-Anhänger mit Sicherheit bestens abgeschirmt. Tom Cruise braucht keine Flugblätter zu verteilen, keine Bücher zu verkaufen und keine wöchentliche Statistik abzuliefern. Im Gegenteil, er wird hofiert, was es sicher leicht macht, sich mit Scientology zu identifizieren. Daß Cruise fest zu der Organisation steht, zeigte sich, als er auch nach seiner Scheidung von Mimi Rogers im Jahre 1990 Hubbards Lehre treu blieb. Noch im selben Jahr, am 24. Dezember, heiratete er seine DAYS OF THUN-DER-Partnerin, die Australierin Nicole Kidman, und selbstredend ist auch sie seither Scientologin.

Das allein ist ein Indiz dafür, daß Cruise' scientologische Aktivitäten sich nicht nur auf die Lektüre der Hubbardschen Schriften beschränken. Auf Vorwürfe, er zahle horrende Summen an seine »Kirche« und lasse sich von Scientologen beraten, antwortete er: »Wenn behauptet wird, daß mir jemand sagt, wie ich mein Leben führen soll, dann ist das *absurd*. Ich habe kein Geld verloren, habe kein Geld gespendet und auch keine außergewöhnlichen Summen bezahlt. Es gibt *keine* ›Berater‹ – das sind alles Lügen, die ständig über mich kursieren ...«[26]

Das diplomatische Geschick eines Politikers legte Cruise an den Tag, als der Journalist Stephen Rebello ihm folgende Frage stellte: »Was halten Sie davon, wie die Presse Sie in letzter Zeit behandelt hat? Diese Geschichte im *California*-Magazin über ihre Scientology-Mitgliedschaft mit dem Titel ›A Cruise in Outer Space‹? *Spy* behauptete, sie hätten den Produzenten von FAR AND AWAY (In einem fernen Land) ein von Scientologen entwickeltes Tonsystem aufgedrängt, das mehr als 100 000 Dollar gekostet hat.« Cruise' Antwort: »Ich habe das schon öfter gesagt, aber meistens behandeln sie mich ziemlich fair. Ich würde sagen, daß ich mich glücklich schätzen kann, wenn die Presse bei zehn Prozent der Dinge, die sie behauptet, recht hat. Das ist kein Problem für mich. Ich beschäftige mich nicht damit. Ich habe zu viele andere Probleme, die ich lösen, und Dinge, die ich tun muß.«[27]

Inzwischen ist mehrfach belegt (und auch Cruise hat es eingeräumt), daß der Schauspieler in Hollywood mit Scientology-Technik hausieren geht.[28] Er sorgte dafür, daß das von Scientologen entwickelte Tonsystem »Clearsound« für die Produktion von FAR AND AWAY angeschafft und auch bei den Dreharbeiten zu A FEW GOOD MEN verwendet wurde. Immerhin erklärten anschließend einige der beteiligten Techniker, die Anlage habe sich als nützlich erwiesen.

Cruise macht kein Geheimnis daraus, daß er engen Kontakt zur Führungsspitze der amerikanischen Scientologen hält. David Miscavige, der ungekrönte König der Organisation, besuchte Cruise an seinem Geburtstag auf dem Set von FAR AND AWAY und begleitete ihn zur Oscar-Verleihung 1992. Über Miscavige schreibt Katharina Gralla: »Zum einzigen Mittelsmann zwischen Hubbard und Scientology wurde in diesen sechs Jahren [der Zeit zwischen Hubbards Abtritt im Jahre 1980 und seinem Tod] ein gewisser David Miscavige. Schon als 14jähriger war der Sohn zweier Scientologen in den Dienst Hubbards getreten, der ihm im Laufe der Jahre immer neue Aufgaben übertrug, bis er, allem Anschein nach, eine exklusive Vertrauensstellung besaß. Miscavige hat keine abgeschlossene Schulbildung und wird als rastloser, humorloser und zur Gewalt neigender Mensch beschrieben. Nach den vermutlich heftigen internen Machtkämpfen, die dem Tod des Gründers folgten, konnte sich der heute 32jährige an der Machtspitze der Organisation behaupten. In seiner Eigenschaft als Chef des ›Religious Technology Center‹ (Zentrum für religiöse Techniken) hält er alle Scientology-Fäden in Händen.«[29]

Cruise verweigerte im Sommer 1993 der Zeitschrift *Premiere* ein Interview zum Thema Scientology, erklärte sich aber bereit, einige Fragen schriftlich zu beantworten. Über sein Verhältnis zu Miscavige schrieb er: »Dave Miscavige ist ein guter Freund von mir, und obwohl wir uns beide gerne öfter sehen würden, kommt es wegen unserer ausgefüllten Terminkalender kaum je dazu. Diese Frage ist einfach unmöglich. Wir sind Freunde. Und was hat das mit irgend etwas zu tun? Es ist eine Beleidigung, daß ich diese Frage überhaupt beantworten soll.«[30] Auch Cruise' weitere Antworten sind geprägt von einem gekränkt-aggressiven Ton. »Abschließend möchte ich sagen«, schrieb der Schauspieler, »daß es mir schleierhaft ist, wieso meine Religion oder die eines anderen das Thema eines Artikels in *Premiere* sein sollte, und deshalb habe ich es abgelehnt, ein Interview zu geben. Diese Fragen zeigen mir, daß meine Einschätzung dieses Artikels von vornherein richtig war. (…) Diese Fragen zeigen, daß der Reporter über eine vorgefaßte Meinung darüber verfügt, was Scientology ist und welche Rolle sie im Leben der Menschen spielt. Ich weiß aus eigener Erfahrung und aus meinen Studien, was Scientology ist und wie sie den Menschen helfen kann. (…) Die Scientology-Kirche bestimmt weder mein Leben noch meine Karriere. Indem man mir diese Fragen stellt, werde ich gezwungen, meine Religion und meine Kirche zu verteidigen, und da ich falsche Anschuldigungen zurückweisen muß, entsteht ein negativer Eindruck, der nicht der Wirklichkeit entspricht. Religionsfreiheit ist etwas anderes. (…) Ich weiß mehr über Scientology, die Kirche und ihre Mitarbeiter als alle Journalisten, die ich bisher getroffen oder deren Artikel ich gelesen habe. Ich weiß, welch gute Arbeit man dort leistet. Meine Religion sollte nicht das Thema einer Untersuchung sein.

Genausowenig sollte meine Kirche durch die Presse verunglimpft werden, weil ich ihr Mitglied bin.«[31]

Wie die meisten öffentlich auftretenden Scientologen beruft Cruise sich auf seine »Religionsfreiheit« und verteidigt Scientology mit beachtlicher Vehemenz. Seine Argumentation trifft dabei so eindeutig Stil und Gehalt der offiziellen Scientology-Verlautbarungen, daß sich dem Beobachter der Verdacht aufdrängt, Cruise sei entweder sehr naiv (und habe tatsächlich keine Ahnung, welche Politik diese – zweifelsohne *nicht*religiöse – Organisation betreibt) oder sehr abgebrüht (und sei ganz bewußt an eben jener Politik beteiligt).

Offenbar eine Anhängerin der erstgenannten Möglichkeit ist Stephanie Mansfield. Sie schreibt über eine Begegnung mit Cruise: »Cary Grant hat einmal gesagt, daß jeder Cary Grant sein wolle, selbst Cary Grant. Ich frage Cruise, ob er gelegentlich genauso denke. Wünscht Tom Cruise jemals, so zu sein wie Tom Cruise? Er schaut mich ausdruckslos an. Und da dämmert es mir. Er *ist* Tom Cruise. Grant – eine Schöpfung des Studiosystems – wußte nur zu genau, daß sein mythisch verklärtes, romantisches und elegantes Image nichts anderes war als eine hochgradig amüsante Fassade. Tom Cruise, unterstützt von Scientology, glaubt von ganzem Herzen an die Persönlichkeit, die er erfunden hat.«[32]

Eine dritte Möglichkeit bringt A FEW GOOD MEN-Regisseur Rob Reiner ins Spiel. Er sagte einem Interviewer: »Ich habe keine Ahnung von Scientology, aber wenn Scientology bedeutet, daß man so ist wie Tom Cruise, dann sollte jeder ein Scientologe sein.«[33]

Wie Cruise auch immer zu Scientology stehen mag, zweifelsfrei ist sein Name für die Organisation zum gegenwärtigen Zeitpunkt von großem Vorteil. Jan Golab schreibt: »Die Bedeutung der Kirche hat zugenommen, seit sie Cruise für sich gewinnen konnte, es ist nun wahrscheinlicher geworden, daß sie andere von ihren Plänen für eine ›friedliche Revolution‹ überzeugen kann. Wie Hubbard schrieb: ›Der Künstler spielt eine enorme Rolle bei der Schaffung der Realität von morgen.‹ Angesichts dieser Rolle ist die Frage legitim, welchen Einfluß Cruise' neuer Glaube auf seine Filme haben wird.«[34]

Anmerkungen

[1] Wie die Praxis gezeigt hat, riskieren es Autoren, die sich kritisch mit Scientology auseinandersetzen, von seiten des Kultes bedroht oder belästigt zu werden. Häufig strengt die Organisation auch Klagen gegen Veröffentlichungen an. Um eine größere Transparenz zu erzeugen und die Argumen-

tationslinien dieses Kapitels abzusichern, werden im folgenden zu sämtlichen Fakten und Zitaten die Quellen genannt.

[2] Im Original: »Make money. Make more money. Make other people produce so as to make more money.« Zitiert nach: von Billerbeck/Nordhausen (1993), S. 26.

[3] Golab (1991), S. 45.

[4] L. Ron Hubbard: »A History of Man«. Zitiert nach: von Billerbeck/Nordhausen (1993), S. 40.

[5] L. Ron Hubbard, zitiert nach: von Billerbeck/Nordhausen (1993), S. 41.

[6] von Billerbeck/Nordhausen (1993), S. 40.

[7] Golab (1991), S. 45.

[8] von Billerbeck/Nordhausen, S. 34, S. 25.

[9] L. Ron Hubbard, zitiert nach: von Billerbeck/Nordhausen (1993), S. 41.

[10] Jörg Herrmann, in: Ders. (1992), S. 10 f.

[11] Norbert J. Potthoff, in: Herrmann (1992), S. 26.

[12] Katharina Gralla, in: Herrmann (1992), S. 89.

[13] FSM Newsletter 3/92 v. 13.3.1992; zitiert nach: von Billerbeck/ Nordhausen (1993), S. 26.

[14] Golab (1991), S. 43.

[15] Time Magazine, 6.5.1991 (Titel).

[16] Tom Cruise, zitiert nach: Rebello (1992), S. 33.

[17] Tom Cruise, zitiert nach: Connelly (1992), S. 73.

[18] Richardson (1993), S. 86 f.

[19] Richardson (1993), S. 87.

[20] Golab (1991), S. 47 und 100.

[21] Vgl. Anthony (1988), S. 160.

[22] Katharina Gralla, in: Herrmann (1992), S. 82.

[23] Vgl. von Billerbeck/Nordhausen (1993), S. 56; Golab (1991), S. 45.

[24] Vgl. Squire (1990), S. 63.

[25] Karl Hermann, in: Herrmann (1992), S. 105.

[26] Tom Cruise, zitiert nach: Connelly (1992), S. 73.

[27] Rebello (1992), S. 33.

[28] Vgl. Mansfield (1992), S. 188; Richardson (1993), S. 88.

[29] Katharina Gralla, in: Herrmann (1992), S. 86.

[30] Tom Cruise: Cruise Control. In: Premiere, September 1993, S. 89.

[31] Ebenda.

[32] Mansfield (1992), S. 188.

[33] Rob Reiner, zitiert nach: Richardson (1993), S. 92.

[34] Golab (1991), S. 45.

Ein amerikanischer Traum

»For thee I shall not die,
Woman high of fame and name;
Foolish men thou mayest slay
I and them are not the same.

Why should I expire
For the fire of any eye,
Slender waist or swan-like limb,
Is't for them that I should die?«

(Douglas Hyde)

Im Rückblick erscheint die bisherige Karriere von Tom Cruise in doppelter Hinsicht zweigeteilt. Betrachtet man einerseits die Chronologie, so gibt es ein beinahe geradliniges, kontinuierliches Voranschreiten vom Nebendarsteller zum Superstar – mit einem deutlichen Einschnitt: dem Fliegerspektakel TOP GUN, das dem Schauspieler zum endgültigen Durchbruch verhalf. Betrachtet man andererseits Cruise' Œuvre unter qualitativen Gesichtspunkten, so lassen sich fast alle seine Filme zwei sehr gegensätzlichen, unabhängig von der zeitlichen Entwicklung bestehenden Gruppen zuordnen. Da sind die künstlerisch ambitionierten, von hochrangigen Regisseuren realisierten Projekte, die auch in schauspielerischer Hinsicht eine Herausforderung darstellten (RISKY BUSINESS, THE COLOR OF MONEY, RAIN MAN, BORN ON THE FOURTH OF JULY), und da sind die rein kommerziellen, inhaltlich wie ästhetisch oftmals fragwürdigen Arbeiten, die Cruise wenig abverlangten (LOSIN' IT, TOP GUN, COCKTAIL, DAYS OF THUNDER). Das Irritierende an diesem Dualismus ist – allen gegenteiligen Behauptungen des Schauspielers zum Trotz – das offensichtliche Fehlen einer klaren Linie, eines qualitativen Mindestanspruchs. Für Cruise, der doch immer lernen und wachsen wollte, hieß es erstaunlich oft: ein Schritt vor, zwei zurück. Nach der DAYS OF THUNDER-Enttäuschung schien er sich jedoch (vorerst) gefangen zu haben – seither ging es für ihn dreimal hintereinander voran. Als am 28. Mai 1991 die erste Klappe zu FAR AND AWAY fiel, erfüllte sich für den Regisseur Ron Howard ein Wunschtraum. Dieses Projekt hatte er – ähnlich wie Oliver Stone bei BORN ON THE FOURTH OF JULY – schon zu einem sehr frühen Zeitpunkt seiner Laufbahn ins Auge gefaßt, mußte sich jedoch erst im Filmgeschäft etablieren, ehe er in der Lage war, es zu verwirklichen.

Ein schlichter Bauerngesell: Tom Cruise in FAR AND AWAY

1983 konnte Howard zwar bereits auf eine lange Karriere als (Kinder-)Darsteller zurückblicken, als Regisseur begann er jedoch gerade erst Tritt zu fassen. In Cincinnati inszenierte er den Pilotfilm einer Fernsehserie und arbeitete dabei mit dem Autor Bob Dolman zusammen. Die beiden entdeckten ihr gemeinsames Faible für die Geschichte der irischen Amerika-Einwanderer und beschlossen, eines Tages einen Film über sie zu drehen. Das Drehbuch dazu erarbeiteten sie im Lauf der folgenden acht Jahre. Howard avancierte in dieser Zeit mit Filmen wie SPLASH (Splash – Jungfrau am Haken), COCOON und PARENTHOOD (Eine Wahnsinnsfamilie) zu einem der erfolgreichsten Hollywood-Regisseure; bei WILLOW arbeitete er im Team mit Dolman, der für ihn das Drehbuch verfaßte. Gemeinsam mit seinem ständigen Produzenten Brian Grazer gründete Howard auch die Produktionsfirma Imagine Films Entertainment, für die er die meisten seiner eigenen Filme drehte und darüber hinaus einige weitere Produktionen initiierte.

So verfügte der Regisseur Ende der achtziger Jahre über genug Einfluß, um endlich sein Lieblingsprojekt, damals noch »The Irish Story« betitelt, auf den Weg zu bringen. Das Skript hatte inzwischen Gestalt angenommen, es erzählt die Geschichte des jungen westirischen Bauern Joseph Donelly, der Ende des 19. Jahrhunderts auszieht, um den Tod seines Vaters zu rächen. Als er feststellt, daß der Großgrundbesitzer Daniel Christie zwar die Verantwortung trägt, im Grunde aber selbst nur ein Opfer der Umstände ist, gibt Joseph seinen Plan auf. In Christies Haus gerät er in eine Auseinandersetzung mit dem schurkischen Verwalter Stephen und wird von diesem zum Duell herausgefordert. Im Morgengrauen kann Joseph jedoch gemeinsam mit Christies Tochter Shannon fliehen. Shannon will nach Amerika, sie bezahlt Joseph die Überfahrt dorthin und beschäftigt ihn als Diener. In Boston müssen die beiden hart arbeiten, um das Geld für die Reise nach Oklahoma zusammenzubekommen, wo sie am großen *Oklahoma Land Rush* teilnehmen wollen. Joseph macht eine Blitzkarriere als Boxer, die ihm viel Geld und eine gewisse Prominenz ein-

Was lange währt, wird endlich Liebe: Nicole Kidman und Tom Cruise

bringt. Als er einen wichtigen Kampf verliert, wirft ihn sein Manager hinaus. Joseph und Shannon, nun mittel- und obdachlos, finden jetzt zwar endlich zueinander, werden aber gleich wieder getrennt. Nach tagelangem Herumirren brechen sie hungrig und verfroren in ein Haus ein, wo sie schon bald von dem wütenden Besitzer überrascht werden. Dieser schießt hinter dem flüchtenden Paar her und trifft Shannon in den Rücken. Joseph weiß keinen anderen Ausweg, als Shannon zu ihren Eltern zu bringen, die inzwischen ebenfalls nach Boston gekommen sind. In den folgenden Monaten verlegt er Schienen für die Eisenbahn und arbeitet sich so in Richtung Westen vor. Gerade noch rechtzeitig kommt er in Oklahoma an, wo es ein Wiedersehen mit Shannon, ihrer Familie und Stephen gibt. Während des Rennens kommt es zu einem erbitterten Kampf zwischen Joseph und Stephen, bei dem es weniger um das Land als um Shannon geht. Joseph wird schwer verletzt und ringt mit dem Tode, doch Shannon erklärt ihm ihre Liebe, und das hält Joseph am Leben. Gemeinsam stecken sie ein Claim ab – und sind am Ziel ihrer Träume angelangt.

Abschied von der Heimat: Tom Cruise macht sich auf die Suche nach den Bösewichtern

Die Dame meint es ernst: Nicole Kidman zeigt Tom Cruise, was eine Mist-gabel ist

»Fast von Anfang an«, erzählt Ron Howard, »habe ich mir Tom Cruise für die Rolle des Joseph gewünscht. Wir sprachen 1983 zum erstenmal über das Projekt, nachdem er mit RISKY BUSINESS seinen ersten Hit gelandet hatte. Ich hielt ihn für perfekt, machte mir aber wenig Hoffnungen, daß wir ihn tatsächlich für den Film bekommen würden. Als 1986 TOP GUN herauskam und die 100-Millionen-Dollar-Marke in Windeseile hinter sich ließ, wurde aus *wenig* Hoffnung *gar keine* Hoffnung.«

Howard zögerte wenig später dennoch nicht, bei Cruise anzufra-gen, ob er nicht einen der beiden rivalisierenden Feuerwehrmän-ner in BACKDRAFT (Backdraft – Männer, die durchs Feuer gehen) spielen wolle. Cruise lehnte ab, und Kurt Russell und William Baldwin verkörperten schließlich das Brüderpaar. Howard, offen-bar ein unverbesserlicher Optimist, ließ seinem Wunschkandida-ten 1989 trotzdem das gerade fertiggestellte Drehbuch zu FAR AND AWAY zukommen. Cruise rief ihn an, während Howard noch mit den BACKDRAFT-Dreharbeiten beschäftigt war, und erklärte sich zur Überraschung des Regisseurs nur zu gern bereit, den Jo-seph Donelly zu verkörpern. Beim ersten darauffolgenden Zusammentreffen wußte Cruise auch schon, wer seiner Meinung nach die weibliche Hauptrolle spielen sollte. Howard: »Tom erwähnte, daß die Zusammenarbeit mit Nicole Kidman bei DAYS OF THUNDER sehr gut geklappt hätte. Ich sagte ihm, daß das ein interessanter Zufall sei, denn Brian Grazer und ich hatten sie bereits für die Rolle der Shannon ins Auge gefaßt. Als ich Brian später dieses Gespräch schilderte, sagte er: ›Ron, würdest du vielleicht ab und zu die Zeitung lesen? Weißt du denn nicht, daß die beiden zusammen sind?‹«

Anläßlich von DAYS OF THUNDER hatte ein Kritiker Cruise und Kidman als »hübsches, aber langweiliges Leinwandpaar« bezeichnet; in FAR AND AWAY sollten die beiden nun die Gelegenheit erhalten, diesen Eindruck zu korrigieren.

Für Cruise ist die Beziehung zwischen Joseph Donelly und Shannon Christie so etwas wie die Summe seiner bisherigen Kino-Liebesgeschichten. Shelley Long in LOSIN' IT, Rebecca De Mornay in RISKY BUSINESS, Lea Thompson in ALL THE RIGHT MOVES, Kelly McGillis in TOP GUN, Mary Elizabeth Mastrantonio in THE COLOR OF MONEY, Elisabeth Shue in COCKTAIL, Valeria Golino in RAIN MAN, Nicole Kidman in DAYS OF THUNDER: Die Frauen sind älter oder reifer, gebildeter oder klüger, sensibler oder ernsthafter als Cruise' Figuren, und in der Regel müssen sie Cruise an die Hand nehmen, ihm den richtigen Weg zeigen oder gar seine Probleme für ihn lösen.

Während für die früheren Cruise-Helden immer ein anderes Ziel im Vordergrund stand und die Liebesgeschichte nur an zweiter Stelle kam, ist es bei Joseph umgekehrt. Er träumt zwar davon, eines Tages eigenen Grund und Boden zu besitzen, der Weg dorthin aber wird einzig und allein von Shannon bestimmt. Shannon rettet ihn vor der tödlichen Kugel Stephens, sie nimmt ihn mit nach Amerika, sie weist ihm den Weg nach Oklahoma. Von der abenteuerlichen Reise dorthin erzählt der Film jedoch nur in zweiter Linie. Zuallererst geht es um den langsamen und hindernisreichen Annäherungsprozeß von Joseph und Shannon: um das Spiel der begehrlichen Blicke und der abweisenden Worte, um eine Anziehung, die keiner von ihnen sich und dem anderen einzugestehen bereit ist.

Unterschiedlicher könnten die beiden kaum sein. Während Shannon aus gutem Hause kommt, eine erstklassige Bildung genossen hat und ein Leben im Luxus gewöhnt ist, entstammt Joseph einfachsten und ärmsten Verhältnissen. Wie so oft bei Cruise ist er ein schlichter Bursche: Es mangelt ihm an Erfahrung und Reife,

dafür aber strotzt er nur so vor Energie. Ganz gleich, ob es sich um seine grobschlächtigen Brüder, den skrupellosen Stephen oder um einen mächtigen Stadtrat handelt – wenn Joseph gereizt wird, verwandelt er sich in Sekundenschnelle in ein wutschnaubendes Aggressionsbündel, in einen wild um sich schlagenden Berserker. Eine sorgfältig geplante Racheaktion dagegen überfordert ihn vollkommen: Zunächst schafft er es nicht, auf Christie zu schießen, obwohl er genügend Zeit dafür hätte, dann läßt er sich im Pferdestall von Shannon mit einer Mistgabel in den Oberschenkel stechen, und als er schließlich Christie mit seinem antiquierten Gewehr ins Visier nimmt und abdrückt, geht der Schuß nach hinten los, und Joseph steht mit rußgeschwärztem Gesicht da. Ein verhinderter, der Lächerlichkeit preisgegebener Held.
Joseph ist kein Mann der Worte. Er kann weder lesen und schreiben noch sich gewählt ausdrücken, und Tischmanieren beherrscht er schon gar nicht. Das macht ihn während der von Zwistigkeiten

Wenn das mal nicht nach hinten losgeht: Tom Cruise in Far and Away und verbalen Duellen geprägten Dampferfahrt nach Amerika zu einem leichten Opfer für Shannon. In Amerika aber stehen beide schon bald auf derselben Stufe. Shannon verliert nach der Ankunft in Boston bei einem Tumult ihre wertvollen Silberlöffel und muß nun, genau wie Joseph, bei Null beginnen. So träumen die beiden Iren gleichermaßen den amerikanischen Traum: vom Habenichts zum Landbesitzer.

Joseph kann in den folgenden Monaten sein intellektuelles Defizit in Cruise-typischer Manier mit physischem Talent wettmachen: Geschult durch die ewigen Prügeleien mit seinen Brüdern, avanciert er zum gefeierten Boxstar. In erster Linie ist es die sexuelle Frustration, die ihn antreibt, seine Gegner gleich reihenweise niederzuschlagen – er stellt sich erstmals zum Kampf, als er es nicht mehr aushält, die Nächte in einem Zimmer mit Shannon zu verbringen, ohne daß zwischen den beiden etwas passiert. (Die Montage macht es in einer späteren Szene dann auch augenfällig, daß Josephs Hiebe eigentlich Shannon gelten.)

In den Kampfszenen zeigt sich Cruise als wuchtiges und zugleich

In Boston fliegen die Fäuste: Tom Cruise in FAR AND AWAY

Am Ende fast noch ein Western: Tom Cruise beim großen Run auf die Claims

geschmeidiges Kraftpaket. Er ist flinker und wendiger als seine Gegner, läßt sie ein ums andere Mal Luftlöcher schlagen, um dann um so entschlossener anzugreifen. Todd McCarthy schrieb in seiner *Variety*-Kritik, das »Drehbuch wäre in den dreißiger Jahren für Tyrone Power oder Errol Flynn perfekt gewesen«. Dieser Satz bezieht sich auf das gesamte interkontinentale Abenteuer, das Joseph Donelly zu bestehen hat, und trifft besonders zu, wenn Cruise am Ende auf dem Rücken eines kaum zu bändigenden Hengstes über die Prärie fegt. Wenn man ihn mit nacktem Oberkörper boxen sieht, erinnert das jedoch eher an die Muskelmänner der fünfziger Jahre, etwa an Jeff Chandler oder Victor Mature. *Beefcake* nannte man damals jene Darsteller, deren wichtigste Eigenschaft ihr kraftvoller physischer Ausdruck war. In FAR AND AWAY steht Cruise ihnen näher als je zuvor.

Noch einmal Todd McCarthy: »Cruise' Körperlichkeit ist hier nur zu offenkundig, was seinen zahlreichen Fans nicht ungelegen kommen wird. Häufig sieht man ihn halbnackt, und besonders be-

163

eindruckend sind die Faustkampfszenen im Mittelteil des Films. Mitreißend ist er auch zu Pferde (er ist es offensichtlich selbst), wenn er an dem aufwendig inszenierten Land-Rennen teilnimmt. Derartiges hat man lange nicht mehr auf der Leinwand gesehen. Cruise' irischer Akzent ist akzeptabel und letztlich so gut, daß man irgendwann aufhört, ihn wahrzunehmen.«

Besonders in der spektakulären Schlußsequenz zahlt es sich aus, daß Ron Howard und sein Kameramann Mikael Salomon sich dafür entschieden, den Film auf 65-mm-Material zu drehen – ein Format, das in den vorangegangenen Jahrzehnten kaum benutzt worden war. Das Finale von FAR AND AWAY wurde zuerst gedreht, und zwar nicht in Oklahoma, sondern in Montana. Erst danach zog das Team nach Irland um, wo alle weiteren Szenen entstanden. Das Boston der Jahrhundertwende wurde in Dublin rekonstruiert.

FAR AND AWAY ist ein im besten Sinne altmodischer Liebes- und Abenteuerfilm. Es war Ron Howards aufwendigstes und ambitioniertestes Projekt – der Film verschlang ein Budget von 60 Millionen Dollar. Wie schwer es diese Art von Kino beim heutigen Publikum hat, zeigte sich im Sommer 1992. Das Epos spielte in den USA kaum so viel ein, wie es gekostet hatte. Selbst Tom Cruise konnte den Flop nicht verhindern. Für Howard war das zweifellos die größte Enttäuschung seiner Karriere, und für Cruise stellte sich allmählich die Frage, ob sein *box-office*-Stern bereits verglüht war. Mit BORN ON THE FOURTH OF JULY, DAYS OF THUNDER und nun FAR AND AWAY hatten drei seiner Filme in Folge die Erwartungen nicht erfüllt. Da blieb nur eines: Cruise mußte sich verändern. Er schlug die Anwaltslaufbahn ein …

Streit unter Streitkräften

»Wenn Cruise am Straßenrand anhält und sich eine Zeitung kauft,
dann ist das die Actionszene des Films.«

(Aaron Sorkin)

Die Liste der Filme, mit denen man Tom Cruise in Verbindung
gebracht hat und die dann ohne ihn oder gar nicht realisiert wurden, dürfte um einiges länger sein als die tatsächliche Filmographie des Schauspielers. Cruise wird mit Drehbüchern überhäuft;
seine Zusage genügt, um beinahe jedes Projekt Wirklichkeit werden zu lassen. Anfang der neunziger Jahre war er für mindestens
ein halbes Dutzend Produktionen im Gespräch, von denen keine
zum nächsten Tom-Cruise-Film avancierte.
Für EDWARD SCISSORHANDS (Edward mit den Scherenhänden)
traf er sich gleich dreimal mit Regisseur Tim Burton, ehe er
schließlich abwinkte und damit den Weg für Johnny Depp frei
machte. Mitgewirkt hätte Cruise dagegen wahrscheinlich an einer
Adaption von F. Scott Fitzgeralds »The Curious Case of Benjamin
Button«, worin es um einen Mann ging, der immer jünger wird.
Steven Spielberg wollte den Film zunächst inszenieren, warf aber
das Handtuch, weil es seiner Meinung nach zu viele unlösbare
Drehbuchprobleme gab. Weniger eng stand Cruise mit zwei anderen Projekten in Verbindung: Für TILL THERE WAS YOU (Doch
dann kam sie), das Regiedebüt des Kameramannes John Seale,
wurde sein Name zwar kurz ins Spiel gebracht, doch dann kam
Mark Harmon; und bei PRELUDE TO A KISS (Body-Switch) bestand Cruise' Beteiligung in erster Linie darin, daß er gerne am
Broadway jene Rolle übernommen hätte, die in der ersten Aufführung des Stücks Alec Baldwin gespielt hatte. Dieses Vorhaben
scheiterte an Cruise' ausgefülltem Terminkalender (Timothy
Hutton trat dann am Broadway auf), und obwohl Regisseur Nor-
man René Cruise sicher gern in der Verfilmung besetzt hätte, kam
er schließlich auf Alec Baldwin zurück.
Für die Kino-Adaption eines anderen Theaterstücks war Cruise
bereits im Gespräch, als dieses noch mit großem Erfolg am
Broadway lief und ein Drehbuch nicht einmal in Sicht war. Der
Produzent David Brown sagte bereits im Sommer 1990 der Zeitschrift *Premiere:* »Wir bereiten die Verfilmung vor. Ich hoffe, daß
sich Tom Cruise das Stück ansehen wird. Falls er dies liest: Im
Theater warten zwei Freikarten auf ihn.«

Bei besagtem Stück handelte es sich um das Erstlingswerk des Autors Aaron Sorkin mit dem Titel *A Few Good Men,* ein Gerichtsdrama um zwei des Mordes an einem Kameraden angeklagte US-Marines und um einen jungen Militäranwalt, der sie freizubekommen versucht. Brown hatte die Verfilmungsrechte an Sorkins Stück schon erworben, bevor es am Broadway seine Premiere erlebte, und den Stoff zunächst TriStar Pictures angeboten. Dort war man zunächst interessiert, doch nachdem Sony das Studio erworben hatte, landete das Projekt bei Castle Rock Entertainment, einer der erfolgreichsten unabhängigen Produktionsfirmen der letzten Jahre. Der Regisseur Rob Reiner – während der Achtziger dank STAND BY ME (Stand by Me – Das Geheimnis eines Sommers), THE PRINCESS BRIDE (Die Braut des Prinzen) und WHEN HARRY MET SALLY (Harry und Sally) so etwas wie Hollywoods Märchenprinz – hatte sie 1987 gemeinsam mit vier Partnern gegründet und seither einen Hit nach dem anderen produziert. Reiner sah sich eine Aufführung von *A Few Good Men* an und beschloß, den Film selbst zu inszenieren.

Sorkin wurde engagiert, um seine eigene Vorlage zu adaptieren, woran Reiner, der Co-Produzent Andrew Scheinman und der prominente Autor William Goldman, der als Skript-Doktor an fast allen Castle-Rock-Produktionen mitwirkt (oft auch ungenannt; hier erhielt er eine Danksagung im Abspann), stark beteiligt waren. Sorkin trug während der Drehbuchkonferenzen zum Teil erbitterte Kämpfe mit Reiner aus und mußte die Story erheblich verändern. Schließlich aber überzeugten ihn Reiners Vorstellungen so sehr, daß er nach Fertigstellung des Drehbuchs sein Theaterstück umschrieb: »Es ist jetzt ein Stück, das auf dem Drehbuch basiert, das auf dem Stück basierte« (Peter Biskind in *Premiere*).

Nach fünfmonatiger Zusammenarbeit stand das Skript, und Reiner begann, den Film zu besetzen. Dabei teilte er die Präferenzen seines Co-Produzenten David Brown. Tom Cruise: »Nicole [Kidman] sah sich das Stück an und sagte: ›Tom, das mußt du dir ansehen. Da steckt eine großartige Rolle für dich drin.‹ Ich hatte damals keine Zeit dazu, doch dann rief mich Rob an und sagte: ›Hey, ich mache diesen Film, was hältst du davon?‹ Ich hatte schon immer mit ihm zusammenarbeiten wollen, er hat noch nie einen schlechten Film gedreht. Ich sah mir also das Stück an und sagte noch am selben Abend zu.«

Obwohl es sich bei A FEW GOOD MEN über weite Strecken um ein Kammerspiel handelt, machte die Verpflichtung von Cruise ein

Ein Kindskopf probt neue Ernsthaftigkeit: Tom Cruise in A FEW GOOD MEN

Tom Cruise und Regisseur Rob Reiner

vergleichsweise teures Projekt daraus. Lange bevor der erste Meter Film belichtet wurde, kostete der Film bereits ein Vermögen: Cruise kassierte rund zwölf Millionen Dollar, Reiner und Jack Nicholson (der nur drei Szenen hatte) verdienten je fünf, Demi Moore schließlich mußte sich mit vergleichsweise bescheidenen zwei Millionen begnügen. Das Gesamtbudget belief sich am Ende auf rund 42 Millionen Dollar. Die Dreharbeiten begannen im Oktober 1991 in Washington D. C. und wurden in den folgenden Wochen an verschiedenen Schauplätzen in Kalifornien fortgesetzt. Die Innenaufnahmen entstanden in den Culver Studios in Culver City.

Lieutenant Daniel Kaffee fügt sich nahtlos ein in das Rollenmodell, das Tom Cruise seit TOP GUN über alle Genres, Themen und Stile hinweg immer wieder variiert hat. Es geht um den Prozeß des (verspäteten) Erwachsenwerdens, um die Entwicklung vom beinahe kindlichen Jüngling zum reiferen, verantwortungsbewußteren Mann. Wie so oft bei Cruise' Figuren sträubt sich Kaffee lan-

*Daß Lieutenant Daniel Kaffee (Tom Cruise) nur Baseball im Kopf hat, muß
Lieutenant Commander JoAnne Galloway (Demi Moore) anerkennen*

169

ge dagegen, die vertrauten Bahnen zu verlassen und etwas Neues zu wagen, und wie so oft steckt hinter allem die lähmende Erinnerung an einen übermächtigen Vater.

Dennoch weicht Daniel Kaffee um mehr als nur Nuancen von den früheren Figuren ab. Zunächst einmal lag für Cruise zwischen FAR AND AWAY und A FEW GOOD MEN ein intellektueller Sprung: Er verwandelte sich vom Analphabeten zum Harvard-Absolventen. Wo er zuvor die Fäuste sprechen ließ (respektive das Billard-Queue, den Cocktail-Shaker usw.), da werden hier die Worte zu seiner wichtigsten Waffe, anstelle der physischen Fähigkeiten zählt nun nur das rhetorische Geschick.

Ein weiterer eminent wichtiger Unterschied: Daniel Kaffee fehlt nicht nur die Reife, ihm mangelt es auch an jedwedem Ehrgeiz. Anders als die erfolgsbesessenen anderen Cruise-Helden will er keineswegs der Beste auf seinem Gebiet sein, ja: Er interessiert sich nicht einmal dafür. Kaffee ist als Militärjurist gerade gut genug, um aller Anstrengung aus dem Weg gehen zu können. Der leidenschaftliche Baseball-Spieler verhandelt am liebsten, während er an der Abschlagstelle steht, und so hat er es seit beinahe einem Jahr geschafft, keine einzige Gerichtsverhandlung führen zu müssen.

Bei einer Arbeitssitzung macht er einen wenig professionellen Eindruck. Sein Vorgesetzter kommentiert sein Zuspätkommen mit dem Satz: »Da Sie sicher keine gute Entschuldigung vorzubringen haben, erspare ich es Ihnen, eine alberne zu erfinden.« Kaffee ist, wie immer, unvorbereitet, er hat keinen Stift dabei und stellt dumme Zwischenfragen, die Zeugnis davon ablegen, wie wenig er sich mit der militärischen Materie auskennt. Dennoch erhält er einen wichtigen Fall zugewiesen: Er wird beauftragt, zwei Marines zu verteidigen, die auf ihrem Stützpunkt in Kuba einen Kameraden ermordet haben sollen.

Kaffee wirkt fortwährend zerstreut und abwesend, er zappelt unruhig herum und ist nie bei der Sache. Er kennt weder Disziplin noch Respekt: Als er mit seinem Assistenten Sam Weinberg (Kevin Pollack) ins Büro von Lieutenant Commander JoAnne Galloway (Demi Moore) kommt, mit der er bei diesem Fall zusammenarbeiten soll, flegelt er sich auf einen Stuhl und klopft ein paar flotte Sprüche. Während des Gesprächs ißt er einen Apfel, redet mit vollem Mund und provoziert sie mit seinen schlechten Manieren. Trotz seines hohen Bildungsgrads erinnert Kaffee hier an den Bauern Joseph Donelly aus FAR AND AWAY.

JoAnne, eine überaus ernsthafte Anwältin, hätte die Verteidigung der beiden Marines lieber selbst übernommen. Jetzt zweifelt sie an Daniels Kompetenz, und bei ihrem nächsten Disput – an der Abschlagstelle – sagt sie ihm das auch: »Ihr Vater ist Lionel Kaffee, ehemaliger Navy-Jurist und Generalstaatsanwalt der Vereinigten Staaten. Er starb 1985. Sie studierten in Harvard Jura und traten dann in die Navy ein, wahrscheinlich, weil Ihr Vater das von Ihnen erwartet hatte. Jetzt schlagen Sie drei Jahre lang, die Sie als Militärjurist verbringen müssen, die Zeit tot, ganz unauffällig bis zur Entlassung, und dann kriegen Sie einen richtigen Job.« Jedes Wort davon ist wahr, und das weiß Kaffee auch, dennoch denkt er nicht daran, sich auf eine ernsthafte Auseinandersetzung einzulassen. Er antwortet nur: »Wow, jetzt bin ich sexuell erregt, Commander.« Danach macht er sich mit der üblichen Coolness und Lässigkeit an die Arbeit. Er kungelt ein wenig mit dem Vertreter der Anklage (Kevin Bacon), gestaltet die Untersuchung des Tatorts als belanglosen Betriebsausflug und die Vernehmung von Colonel Nathan Jessup (Jack Nicholson), dem Vorgesetzter der Angeklagten, als harmlosen Plausch, und nicht einmal das Ehrgefühl seiner Klienten, die stur und steif ihre Un-

Tom Cruise und Kevin Pollack erklären Wolfgang Bodison und James Marshall die Lage

schuld beteuern, kann ihn beeindrucken. Als JoAnne ihm einmal vorwirft, er stehle sich nur immerzu aus der Verantwortung, weil er Angst davor habe, nicht so erfolgreich sein zu können wie sein Vater, sagt er lakonisch, sie solle aufhören mit dem »Psycho-Schwachsinn über den Vaterkomplex«.

Kaffee hat bereits einen günstigen Handel mit der Gegenseite abgeschlossen, als ihm klar wird, daß man ihn gerade wegen seiner laschen Berufsauffassung mit dem Fall betraut hat – um eine Verhandlung gar nicht erst stattfinden zu lassen, also um möglichst wenig Aufsehen zu erregen. So lernt er, den Mittelweg als die schlechtere Alternative zu begreifen, die Konfrontation dem Kompromiß vorzuziehen.

Kaffees erster Gerichtsprozeß löst bei ihm den Prozeß des Erwachsenwerdens aus. Er plädiert auf nicht schuldig, und danach beginnt ein fortwährendes Wechselspiel zwischen den Verhandlungsszenen und den abendlichen Sitzungen in Kaffees Wohnung. War Kaffee zuvor während der Arbeit stets in Gedanken beim Baseball, so braucht er nun, während er mit JoAnne und Weinberg recherchiert und diskutiert, einen Baseballschläger, um an die Arbeit denken zu können. Zum erstenmal geht er als Anwalt mit sportlichem Ehrgeiz zur Sache, doch anders als die meisten früheren Cruise-Figuren ist er dabei nicht Idealist, sondern Realist. Er glaubt nicht daran, als Sieger aus dem Streit unter Streitkräften hervorgehen zu können; immer wieder erklärt er seinen beiden Partnern die Aussichtslosigkeit ihrer Lage. Kaffee kann nicht beweisen, daß seine Klienten lediglich Befehlsempfänger waren (eine Rückblende am Anfang des Films offenbart, daß Colonel Jessup tatsächlich Order gegeben hatte, den verstorbenen Marine mit Gewalt zu disziplinieren), ihm bleibt nur die vage Hoffnung, Jessup im Zeugenstand so weit in die Enge zu treiben, daß dieser sein Vergehen gesteht. Das gelingt ihm dank seines Muts und seiner Entschlossenheit. Während des 15minütigen Verhörs ist nichts mehr zu spüren von Kaffees vorheriger Flapsigkeit; es gibt zwar einen Moment des Zögerns, bevor er Jessup endgültig aufs Glatteis führt, ein Innehalten, das Ausdruck ist vom letzten Rest Unsicherheit. Doch als Kaffee sich einmal überwunden hat, erweist er sich als gewiefter Taktiker und energischer Jurist. Im Kampf gegen Colonel Jessup – selbst eine patriarchalische Gestalt – treibt Kaffee stellvertretend auch den Geist des übermächtigen Vaters aus.

Für Rob Reiner mag das Vaterthema des Films eine sehr viel persönlichere Angelegenheit gewesen sein als für Tom Cruise. An-

Szenen eines Militärprozesses: Jack Nicholson (oben), Tom Cruise, Demi Moore und Kevin Pollack (unten)

In die Falle gegangen: Jack Nicholson will in A FEW GOOD MEN auf Tom Cruise losgehen

ders als sein Star stand er nämlich tatsächlich lange im Schatten seines Vaters, des erfolgreichen Schauspielers und Komödienregisseurs Carl Reiner. Rob legte denn auch großen Wert darauf, diesen Aspekt, der in Sorkins Bühnenstück nur untergeordnete Bedeutung hat, ins Zentrum seiner Erzählung zu rücken. Für Cruise ist dies nach TOP GUN und RAIN MAN das dritte Mal, daß ein verstorbener Vater das Handeln und Denken seiner Figur maßgeblich bestimmt.

A FEW GOOD MEN ist unter anderem deshalb bemerkenswert, weil der Film ohne jede Action auskommt und es sich sogar leisten kann, auf eine Liebesgeschichte zwischen Cruise und Moore zu verzichten. Bei der Kritik stieß der Film bei seinem Start im Winter 1992/93 auf ein geteiltes Echo, viele Rezensenten warfen ihm vor, er behandle zwar schwierige Fragen, gehe aber letztlich kein Risiko ein. Das Publikum war anderer Meinung und sorgte dafür, daß A FEW GOOD MEN mit einem US-Kasseneinspiel von über 140 Millionen Dollar zu einer der erfolgreichsten Produktionen des Jahres wurde.

In den Fängen des Bösen

*»Für das Tempo einer Geschichte muß man die Charaktere der Figuren
opfern, mit ausführlichen Beschreibungen kann ich mich nicht aufhalten.
Es ist die Handlung, die den Thriller vorantreibt,
es sind nicht die Menschen.«*

(John Grisham)

Schon während der Dreharbeiten zu A FEW GOOD MEN begann
sich Cruise' nächstes Projekt abzuzeichnen: die Verfilmung von
John Grishams Krimi-Bestseller »The Firm«. Grisham entwickelte sich Anfang der neunziger Jahre zu einem Phänomen auf dem
internationalen Buchmarkt. In weniger als drei Jahren wurden
von seinen bisher vier Romanen über 25 Millionen Exemplare
verkauft, »The Firm«, 1990 erschienen, ging allein in den USA
mehr als siebenmillionenmal über den Ladentisch. Der ehemalige
Rechtsanwalt kassiert für seine Bücher, in denen er teilweise Erfahrungen aus seiner juristischen Praxis verarbeitet, inzwischen
Rekordgagen, und in Hollywood reißen sich die Studios um die
Verfilmungsrechte.
Es ist daher kaum vorstellbar, daß Grisham für »The Firm«, seinen zweiten Roman, trotz aller Bemühungen zunächst keinen
Verleger fand. (Sein Debüt, »A Time to Kill«, erschien völlig un-
beachtet in einem Kleinstverlag und avancierte erst nachträglich
zum Verkaufsschlager.) Erst als den Filmproduzenten Scott Rudin und John Davis das unveröffentlichte Manuskript in die Hände fiel, wendete sich das Blatt. Die beiden erkannten das Potential des Stoffes und erwarben, nach Absprache mit Paramount
Pictures, die Rechte daran. Das brachte den Stein ins Rollen:
Beim New Yorker Doubleday-Verlag witterte man nun ein Geschäft und veröffentlichte das Buch – um schließlich den Bestseller Nummer eins des Jahres 1991 zu landen. Ohne Hollywood hätte Grishams Erfolgsstory möglicherweise niemals stattgefunden.
Etwa zur gleichen Zeit kündigte Tom Cruise an, er wolle seiner eigenen Erfolgsstory in naher Zukunft ein neues Kapitel hinzufü-
gen. Ohne konkrete Projekte beim Namen zu nennen, erklärte er
den Interviewern, es sei sein nächstes Ziel, ins Regiefach zu wech-
seln. Für eine Weile hielten sich dann auch Gerüchte, Cruise werde mit THE FIRM sein Debüt absolvieren, doch schon bald kündigte Paramount an, Sydney Pollack werde den Film inszenieren.
In einer amerikanischen Filmzeitschrift hieß es später, Cruise hät-

Und noch ein Rechtsanwalt: Tom Cruise als Mitch McDeere in Sydney Pollacks Kassenschlager THE FIRM

te den Film zwar gern selbst gedreht, das Studio sei jedoch nicht bereit gewesen, ihm die Verantwortung für eine 50-Millionen-Dollar-Produktion zu übertragen. Cruise selbst sagte, man habe ihm den Film angeboten, das Drehbuch hätte jedoch einer kompletten Neubearbeitung bedurft, und dafür habe ihm während der Dreharbeiten zu A FEW GOOD MEN einfach die Zeit gefehlt. So sei er schließlich dankbar dafür gewesen, daß mit Pollack ein Routinier diese Aufgabe übernommen hätte.

Für Cruise bilden A FEW GOOD MEN und THE FIRM ein ähnliches Doppelprogramm wie RISKY BUSINESS und ALL THE RIGHT MOVES am Anfang seiner Karriere. Damals spielte er in zwei aufeinanderfolgenden Filmen jeweils einen Teenager, der kurz vor Abschluß der Highschool um einen College-Platz kämpfen muß; nun, rund zehn Jahre später, verkörperte er zweimal hintereinander einen Rechtsanwalt, der am Beginn seiner Laufbahn steht. Daniel Kaffee in A FEW GOOD MEN ist ein Strafverteidiger in Diensten des Militärs, Mitch McDeere in THE FIRM arbeitet am anderen Ende des juristischen Spektrums, er tritt eine Stelle in einer kleinen Kanzlei in Memphis an, die die Steuerprobleme ihrer Klienten löst. Die beiden haben zwei Dinge gemein: ein Faible für den Sport – Daniel spielt Base-, Mitch Basketball – und ein Studium an der Universität von Harvard. Damit sind die Parallelen aber auch schon aufgezählt. Kaffee könnte man sich als einen zehn Jahre älteren Joel Goodson (aus RISKY BUSINESS) vorstellen: Er kommt aus gutem Hause, hatte es nie wirklich schwer im Leben, und sein härtester Kontrahent ist immer noch er selbst. McDeere dagegen könnte der älter gewordene Stef Djordjevic (aus ALL THE RIGHT MOVES) sein: Er hatte eine von Entsagungen geprägte Kindheit, sein Vater war Bergarbeiter, und für alles, was er erreicht hat, mußte er hart arbeiten. Mitch strotzt vor Ehrgeiz, er will etwas werden und etwas aus sich machen, er denkt nur an seinen Aufstieg – und merkt gar nicht, wie er immer tiefer in einen Abgrund hinabsinkt.

Obwohl die Rolle eines Anwalts für gewöhnlich in physischer Hinsicht nur wenig hergibt, akzentuiert Cruise – weitaus prägnanter als in A FEW GOOD MEN – die Körperlichkeit des Mitch McDeere und stellt so eine Kontinuität zu seinen früheren Figuren her. Am Anfang sieht man ihn während eines Basketball-Matchs. Später, nach dem Vorstellungsgespräch mit den Repräsentanten von Bendini, Lambert & Locke, bei dem ihm ein vorzügliches Angebot unterbreitet wird, begrüßt er seine Frau Abby (Jeanne Tripplehorn; Cruise spielt hier zum ersten Mal in seiner Karriere einen

Tom Cruise und Jeanne Tripplehorn in THE FIRM

verheirateten Mann) mit einer überschwenglichen Geste: Er schnappt sie sich an der Wohnungstür, schleudert sie quer durchs Zimmer und wirft sie aufs Sofa, um sie dort zu küssen. (Er müsse jetzt gehen, sagt Abby lakonisch, sie erwarte jeden Moment ihren Ehemann zurück.) Und als die beiden ein paar Tage später nach Memphis fahren, um ihre möglicherweise neue Heimat zu besichtigen, und dabei einen Abendspaziergang unternehmen, schließt Mitch sich einem jungen Straßenkünstler an, der die Passanten mit artistischen Darbietungen unterhält, und schlägt gekonnt eine Reihe von Salti. Da sieht er nicht gerade aus wie ein steifer Steuerberater.

Mitch hat sich – wie so oft bei Cruise – eine gewisse Kindlichkeit,

gepaart mit einer Portion Naivität, bewahrt. Er ist sofort begeistert von der Firma, die ihm so fürstliche Leistungen bietet und
sich so ünberaus familiär gibt. Abby, wieder einmal eine reifere
Partnerin an seiner Seite, ist skeptischer, vorsichtiger. Sie stellt
kritische Fragen und mokiert sich über die »Familienpolitik« des
Unternehmens, das Kinder gern, werktätige Ehefrauen dagegen
ungern sieht.

Allen Vorbehalten Abbys zum Trotz tritt Mitch die Stelle an. Er
tauscht das abgewetzte Kordjackett gegen feine Anzüge, das ver-
rostete Studentenauto gegen einen brandneuen, von der Firma
geleasten Mercedes und die enge Wohnung gegen ein schmuckes
Einfamilienhaus. Und er stürzt sich in die Arbeit: In aller Herrgottsfrühe sitzt er bereits am Schreibtisch, und zumeist kommt er
erst tief in der Nacht nach Haus. Schon bald aber mehren sich die
Indizien dafür, daß es in der Firma nicht mit rechten Dingen zugeht. Zwei der Anwälte kommen bei einem Tauchausflug ums Leben, der FBI-Agent Tarrance (Ed Harris) warnt Mitch in einem
Diner vor den Gepflogenheiten seiner neuen Arbeitgeber, und als

Working day and night: Tom Cruise in THE FIRM

179

Mitch gemeinsam mit seinem Mentor Avery Tolar (Gene Hackman) eine Dienstreise auf die Cayman-Inseln in der Karibik unternimmt, entdeckt er in der firmeneigenen Villa per Zufall einen Raum voller geheimer Akten, die mit den ums Leben gekommenen Mitarbeitern zu tun haben.

Wenig später lotst ihn Tarrance während einer Tagung zu einem Gespräch mit dem FBI-Chef Voyles (Steven Hill), bei dem Mitch die Wahrheit über die Firma erfährt. Bendini, Lambert & Locke stehen in Diensten der Mafia und sind fast ausnahmslos in kriminelle Geschäfte verwickelt. Voyles stellt Mitch vor die Wahl: Er kann entweder mit dem FBI kooperieren und helfen, die Firma hochgehen zu lassen (was ihn seine Konzession kosten würde, da er vertrauliche Informationen preisgeben müßte), oder er kann das Angebot ablehnen und somit riskieren, gemeinsam mit seinen Kollegen angeklagt zu werden, wenn das FBI eines Tages genügend Beweise gesammelt haben wird.

Gene Hackman, Tom Cruise

Wilford Brimley, Tom Cruise

Ohne eigenes Verschulden ist Mitch in eine Zwickmühle geraten, er kann keinesfalls so weiterleben wie bisher. Als Belastungszeuge müßte er seine Identität ändern, und als Anwalt der Firma würde er zum Kriminellen. Und überdies hat die Firma ein Druckmittel gegen ihn in der Hand: Bei der Dienstreise auf die Caymans war Mitch einer Strandschönheit erlegen – und diese Verführung erweist sich nun als eine Inszenierung des von William Devasher (Wilford Brimley) geleiteten Firmengeheimdienstes. Mit den währenddessen aufgenommenen Fotos versucht Devasher, Mitch zum Schweigen zu bringen.

Mitch geht daraufhin in die Offensive, und zwar in jeder Hinsicht. Um Devasher zuvorzukommen, gesteht er Abby seinen Seitensprung. Und um sich nicht für eine von zwei schlechten Lösungen entscheiden zu müssen, sucht er nach einem anderen Ausweg aus seinem Dilemma. Er fädelt einen raffinierten Plan ein, bei dem es auf logistisches Kalkül ebenso ankommt wie auf juristische Finesse. Seine Mitspieler dabei sind Tammy Hemphill (Holly Hunter), ehemalige Sekretärin eines von Mitch angeheuerten Privatdetektivs, den Devashers Schergen sehr bald aus dem Weg räumten; Mitchs Bruder Ray (David Strathairn), den Mitch mit Hilfe des FBI aus dem Gefängnis freibekommt; ein Bootsverleiher auf den Caymans (Sullivan Walker), dessen Sohn bei dem Mordanschlag auf die beiden Anwälte ums Leben kam; und schließlich Abby, die Mitch nach seinem Geständnis zwar zunächst verläßt, dann aber Loyalität beweist und gemeinsam mit Tammy auf die Caymans fliegt, um über Avery Tolar an die geheimen Firmenakten heranzukommen. Sie ist die unbekannte Größe in Mitchs komplexer Gleichung; ohne ihre Beteiligung, von der Mitch nichts weiß, würde das ganze Gerüst zusammenbrechen, erst mit ihrer Hilfe gelingt es Mitch, das entscheidende Beweismaterial in die Hände zu bekommen. (Auch in dieser Hinsicht erinnert THE FIRM an ALL THE RIGHT MOVES: die »richtigen Bewegungen« macht wiederum Cruise' Partnerin.)

Anders als in Grishams Vorlage gelingt es Mitch McDeere in THE FIRM, unbescholten aus seinem Abenteuer hervorzugehen. Im Roman spielt Mitch die Firmen-Akten dem FBI zu und läßt sowohl die Kanzlei als auch die Mafia hochgehen. Im Gegenzug kassiert er mehrere Millionen Dollar aus dem Staatssäckel. Danach gibt es für ihn kein Zurück mehr: Den Rest seiner Tage wird er reich, aber heimatlos auf einem Segelboot in der Karibik verbringen.

Dieses Schicksal bleibt in der Verfilmung Mitchs Bruder Ray vorbehalten. Mitch dagegen schafft es, die Firma eines vergleichsweise lächerlichen Delikts zu überführen, die Mafia dagegen aus dem Fall herauszuhalten und so als korrekter und integrer Anwalt aus der Krise hervorzugehen. Am Ende schließt sich der Kreis: Mitch und Abby steigen in ihren alten Wagen und fahren davon. Sie stehen wieder am Anfang und werden ein ganz normales Leben führen.

Für die Fans von Grishams Thriller mußte dieses Finale eine Enttäuschung sein. Trotz des neuen Schlusses strömten sie im Sommer 1993 in die Kinos und sorgten dafür, daß THE FIRM mit einem Einspiel von mehr als 150 Millionen Dollar zum zweiten Sommerhit nach Spielbergs JURASSIC PARK wurde. Die amerikanischen Kritiker störten sich nicht daran, daß Tom Cruise Grishams durchtriebenes Schlitzohr in einen moralisch integren, zutiefst gesetzestreuen Helden verwandelte. »In ihrem gewitzten und in filmischer Hinsicht salomonischen Drehbuch«, schrieb Duane

Byrge im *Hollywood Reporter,* »haben David Rabe, Robert Towne und David Rayfiel das komplexe Innenleben der Firma auf elegante Weise transparent gemacht ... Regisseur Sydney Pollack verwebt auf brillante Weise die komplizierten Handlungsfäden, und wird dabei wunderbar von den Autoren unterstützt, die klug genug waren, das schwächste Element des Romans – die finale Verfolgungsjagd – fallen zu lassen und statt dessen ein neues Ende zu erfinden.«

Auch Cruise konnte mit seiner Darbietung die Rezensenten überzeugen. Owen Gleiberman konstatierte in *Entertainment Weekly:* »Er kann nicht viel ausrichten, um diejenigen auf seine Seite zu ziehen, die sonst über ihn lästern, aber in THE FIRM zeigt er genau die Qualität, die hier verlangt wird: die heimtückische Gewandtheit eines wahren Verschwörungsbrechers.«

Hierzulande fielen die ersten Reaktionen auf Pollacks Thriller wesentlich zurückhaltender aus. Im *Spiegel* nannte Joachim Kronsbein den Film einen »flauen, langatmigen Abklatsch«, und auch von Cruise' Leistung war der Autor – offenbar ein Mitglied

Holly Hunter und Tom Cruise in THE FIRM

der Lästerfraktion – keineswegs angetan: »Auch Kino-Beau Tom Cruise kann wenig retten. Hollywoods heldischer Sauberjüngling spielt den jungen Juristen, der langsam dahinterkommt, daß die respektable Anwaltskanzlei, in der er schuftet, eigentlich eine gigantische Geldwaschanlage für die Mafia ist. Unter der Regie von Sydney Pollack schafft er es aber nicht, aus der von Grisham psychologisch knapp skizzierten Figur einen Leinwandcharakter zu entwickeln, mit dem sich das Publikum identifizieren kann. Clean und clever hetzt er durch die verflachte Story. Dabei bleibt er so naiv und voll reinen Glaubens an das Böse im Feind wie ein Laienprediger in Grishams strenggläubiger Südstaatenheimat. Ganz so, als habe die Scientology, deren Aushängeschild Tom Cruise ist, inzwischen nicht nur Einfluß auf das Privatleben, sondern auch auf sein Rollenspiel genommen.«

Bei THE FIRM hatte es noch nicht geklappt, doch schon wenige Monate nach Beendigung der Dreharbeiten war es endlich soweit: Cruise durfte auf dem Regiestuhl Platz nehmen. Sein Debüt fiel zwar ein paar Nummern kleiner aus, als erste Vorbereitung auf eine Regisseurs-Karriere aber kam die Episode einer Fernsehserie gerade richtig. Der Produzent William Horberg, ein Fan der *hardboiled* Literatur von Raymond Chandler, Cornell Woolrich und Jim Thompson, hatte bereits Anfang 1992 die Idee zu einer sechsteiligen Krimiserie mit dem Titel FALLEN ANGELS entwickelt, die auf Kurzgeschichten seiner Lieblingsautoren basieren sollte. Er schlug Sydney Pollack, der sich während der achtziger Jahre auch als erfolgreicher Produzent etabliert hatte, das Projekt vor, und dieser erklärte sich bereit, die Reihe mit seinen Mirage Enterprises (in Zusammenarbeit mit Propaganda Films) zu produzieren. Während ihrer Zusammenarbeit bei THE FIRM bot Pollack seinem Hauptdarsteller an, eine Folge der Serie zu inszenieren; man darf spekulieren, ob diese Offerte so etwas wie eine Wiedergutmachung für Cruise' verpaßte Regiechance sein sollte. Cruise nahm dankbar an, und Horberg legte ihm eine Reihe von Drehbüchern vor, von denen er THE FRIGHTENING FRAMMIS nach der gleichnamigen Kurzgeschichte von Jim Thompson auswählte. Auf 25 Seiten erzählt Thompson darin ein Abenteuer des Trickbetrügers Mitch Allison, der sich am Anfang, nachdem er von einem cleveren Ehepaar ausgenommen wurde, mittellos in der Wüste wiederfindet und nach Los Angeles zurücktrampen will – wo er zuvor seine Frau Bette übers Ohr gehauen hatte. Ein ewig streitendes Ehepaar nimmt ihn mit, der Mann verläßt jedoch schon bald wutschnaubend den Wagen, und die Frau, nur »Babe« genannt, bietet Mitch an, den Mann umzubringen und mit den 100 000 Dollar in Traveller-Schecks durchzubrennen. Mitch fällt nicht herein auf die viel zu aggressive Anmache dieser »110 Pfund reinen Gifts«, läßt sich aber zum Schein auf das Angebot ein. Auf der Suche nach dem Mann stellen die beiden jedoch fest, daß er einen Abhang hinuntergestürzt ist.

Am nächsten Tag lösen Mitch und Babe die Schecks ein. Mitch plant, Babe zu hintergehen, und bittet Bette per Telefon, herzukommen und ihm dabei zu helfen. Doch ehe er sich versieht, wird er im Hotelzimmer niedergeschlagen, und als er aufwacht, bedroht ihn ein Kredithai, der ihn für den Toten hält. Von Babe und dem Geld gibt es keine Spur. Mitch kann den fetten Widerling überwältigen und fliehen. Er weiß nun, daß Babe ihrerseits mit gezinkten Karten gespielt hat. In der Nähe des Unglücksorts am Rande der Wüste entdeckt er den angeblich verunglückten Ehemann und erfährt von ihm, daß die beiden ihn in die Falle gelockt haben, um mit seiner Hilfe die Schecks auszulösen, da er dem wahren Besitzer des Geldes, der schon vorher an einer Herzattacke gestorben war, sehr ähnlich sieht.

Mitch kehrt in das Hotel zurück, wo er Babe vermutet, und mit Unterstützung von Bette, die inzwischen angereist ist, kann er sie auch aufspüren. Babe allerdings hat vorgesorgt: Das Geld ist per Post unterwegs, also außer Reichweite. Mitch ist nun genauso mittellos wie zu Anfang der Geschichte, immerhin aber versöhnt er sich mit Bette, und die beiden fahren zurück nach L.A.

Die Autoren Jon Robin Baitz und Howard A. Rodman verfaßten das Drehbuch für Cruise' 30minütige Episode, die im Frühjahr 1993 für ein Budget von 700 000 Dollar in sechs Tagen gedreht wurde. Cruise besetzte die Rolle des Mitch Allison mit Peter Gallagher, Nancy Travis verkörperte Bette, und Isabella Rossellini spielte Babe.

Am 5. September 1993 wurde THE FRIGHTENING FRAMMIS als vierte Folge der Serie von Showtime ausgestrahlt. (Steven Soderbergh, Phil Joanou, Jonathan Kaplan, Alfonso Cuaron und Tom Hanks inszenierten die weiteren Episoden.) Der *Variety*-Kritiker Tony Scott schrieb: »Peter Gallagher mag in THE FRIGHTENING FRAMMIS zu unerfahren aussehen, um als Grifter durchzugehen, aber unter der gewandten Regie des Schauspielers Tom Cruise bietet er eine solide Leistung in einer pfiffigen Adaption von Jim Thompsons Geschichte. Die Story ist ein wenig weithergeholt, aber fesselnd, und es gibt einige beeindruckende Kurzauftritte.

Peter Suschitzkys einfallsreiche Kameraarbeit und David Siegels Montage sind ebenso professionell wie die gesamte Produktion.« Auch Sydney Pollack war angetan von Cruise' Regiedebüt. »Ich war sehr beeindruckt davon – und zugleich machte es mich bedrückt –, wie gut Toms Film geworden ist«, sagte er mit einem Augenzwinkern. »Ich hasse es, wenn diese Schauspieler wie Rob Reiner und Redford und Eastwood sich zu solch guten Regisseuren entwickeln.«

Cruise' Karriere läuft auf Hochtouren. Mit A FEW GOOD MEN und THE FIRM konnte er sein kommerzielles Potential eindrucksvoll unter Beweis stellen, und mit seinem FALLEN ANGELS-Beitrag hat er – so lassen es jedenfalls die Reaktionen in den USA vermuten – auch auf neuem Terrain Starqualitäten bewiesen. Ende 1992 schloß er gemeinsam mit Paula Wagner einen Dreijahresvertrag mit Paramount Pictures ab. Für dieses Studio will er in Zukunft eigene Projekte entwickeln und dabei möglicherweise in verschiedenen Funktionen tätig werden – als Produzent, als Regisseur, als Darsteller. Konkrete Auskünfte über seine Zukunftspläne gibt Cruise zur Zeit nicht, er sagt aber, daß eine Karriere wie die von Sydney Pollack, der in unterschiedlichsten Bereichen der Filmproduktion arbeitet, ihm als Vorbild diene.
Im Sommer 1993 geisterte Cruise' Name wieder einmal verstärkt durch die Klatschspalten. »Lenden leer, Kassen voll« titelte die *Bunte* im August in Anspielung auf den kommerziellen Erfolg von THE FIRM und kolportierte, Cruise sei unfruchtbar, denke aber weiterhin positiv. In Hollywoods Gerüchteküche hatte sich dieser Verdacht schon seit einiger Zeit gehalten. Gemeinsam mit Nicole Kidman adoptierte der Schauspieler in diesem Jahr denn auch ein kleines Mädchen namens Isabella Jane.
Die Welt wußte am 13. September zu berichten, die frischgebackenen Eltern hätten die Hälfte ihres 250-Millionen-DM-Vermögens den Scientologen gespendet – Cruise sei immer noch voller Dankbarkeit, weil der Kult ihm geholfen habe, seine Legasthenie zu überwinden. Dazu ist nur zu sagen, daß solche Meldungen in den vergangenen Jahren des öfteren kursierten, Cruise sie aber grundsätzlich dementierte.
Die Dreharbeiten zu Cruise' nächstem Film begannen im Oktober 1993. Unter der Regie von THE CRYING GAME-Regisseur Neil Jordan spielt er die Hauptrolle in INTERVIEW WITH THE VAMPIRE, der Verfilmung des gleichnamigen Romans von Anne Rice aus dem Jahre 1976. Die Geschichte beginnt im 18. Jahrhundert in

Mr. und Mrs. Cruise

Louisiana und endet im zeitgenössischen San Francisco. Für den Part des Lestat, ein homosexueller Vampir, waren Daniel Day-Lewis, Jeremy Irons und Peter Weller im Gespräch, ehe Cruise den Zuschlag erhielt. An seiner Seite werden Brad Pitt, Antonio Banderas, River Phoenix und Stephen Rea zu sehen sein.

Die Romanautorin Anne Rice schrieb gemeinsam mit Neil Jordan das Drehbuch für das 50-Millionen-Dollar-Projekt. Als sie erfuhr, daß Jordan die Rolle des Lestat an Cruise vergeben hatte, reagierte sie empört. »Da ist so, als würde man den Film mit Huck Finn und Tom Sawyer besetzen«, erklärte sie der *Los Angeles Times.* »Ich war schockiert als ich von Cruise' Besetzung hörte. Er ist genauso wenig mein Vampir Lestat wie Edward G. Robinson Rhett Butler ist. Das habe ich Jordan selbst gesagt. Ich verstehe nicht, warum Cruise diese Rolle angenommen hat. Er ist ein niedlicher Junge, er steht ganz oben und ist auf dem Weg, ein großer Schauspieler zu werden, aber ich bin mir nicht sicher, ob er weiß, worauf er sich einläßt. Ich bin versucht, Mike Ovitz anzurufen und ihm zu sagen, daß alle Welt über seinen Klienten herfallen wird. Cruise sollte sich und allen anderen einen Gefallen tun und die Rolle abgeben.«

Paula Wagner, Cruise' langjährige Agentin, reagierte angesichts solcher Kritik gelassen. »Das kennen wir alles schon«, erklärte sie. »Nach TAPS, in dem Tom einen wilden, verrückten Kadetten spielte, waren die Leute überzeugt, er sei ein brillanter junger Charakterdarsteller. Danach wollten sie ihn für RISKY BUSINESS, mit dem er den Durchbruch schaffte, nicht einmal vorsprechen lassen. So ähnlich war auch die Reaktion, als Tom die Rolle des Ron Kovic in BORN ON THE FOURTH OF JULY bekam. Zwei Jahr später erhielt er dafür eine Oscar-Nominierung.«

David Geffen, einer der Produzenten von INTERVIEW WITH THE VAMPIRE, verteidigte ebenfalls Neil Jordans Entscheidung. Er sagte: »Jordan war Rice' erste Wahl, als es darum ging, einen Regisseur für den Film zu finden. Jetzt sollte sie ihm auch vertrauen. Man darf nicht vergessen, daß dies der Mann ist, der aus Bob Hoskins einen Star gemacht und die Hauptrolle in THE CRYING GAME mit einem Friseur besetzt hat – was dem Schauspieler eine Oscar-Nominierung einbrachte. Ich prophezeie, daß Cruise als bester Schauspieler und INTERVIEW WITH THE VAMPIRE als bester Film des Jahres 1994 nominiert werden werden.«

Filmographie

Endless Love (Endlose Liebe)
USA 1981. – *Regie:* Franco Zefirelli. – *Buch:* Judith Rascoe nach dem Roman von Scott Spencer. – *Kamera:* David Watkin. – *Musik:* Jonathan Tunick. – *Ausstattung:* Ed Wittstein. – *Schnitt:* Michael J. Sheridan. – *Ton:* Jack C. Jacobsen. – *Kostüme:* Kristi Zea. – *Maske:* Allen Weisinger. – *Spezialeffekte:* Connie Brink.
Produktion: Dyson Lovell für Polygram Pictures. – *Ausf. Produzent:* Keith Barish. – *Länge:* 110 Minuten. – *Uraufführung:* Juli 1981. – *Deutsche Erstaufführung:* 18.12.1981. – *Verleih:* Jugendfilm (*Kino*), Topstar (*Video*).
Besetzung: Brooke Shields (*Jade Butterfield*), Martin Hewitt (*David Axelrodt*), Shirley Knight (*Anne Butterfield*), Don Murray (*Hugh Butterfield*), Richard Kiley (*Arthur Axelrod*), Beatrice Straight (*Rose Axelrod*), Jimmy Spader (*Keith Butterfield*), Ian Ziering (*Sammy Butterfield*), Robert Moore (*Dr. Miller*), Penelope Milford (*Ingrid Ochester*), Jan Miner (*Mrs. Switzer*), Salem Ludwig (*Mr. Switzer*), Leon B. Stevens (*Richter*), Vida Wright (*Sonia*), Jeff Marcus (*Leonard*), Patrick Taylor (*Bob Clark*), Jamie Bernstein (*Susan*), TOM CRUISE (*Billy*), Jeffrey B. Versalle (*Stuart*), Jami Gertz (*Patty*) u. a.

Taps (Die Kadetten von Bunker Hill)
USA 1981. – *Regie:* Harold Becker. – *Buch:* Darryl Ponicsan, Robert Mark Kamen nach dem Roman »Father Sky« von Devery Freeman. – *Kamera:* Owen Roizman. – *Musik:* Maurice Jarre. – *Ausstattung:* Stan Jolley, Alfred Sweeney. – *Schnitt:* Maury Winetrobe. – *Ton:* Bertil Hallberg, Gary Ulmer. – *Kostüme:* Eddie Marks. – *Maske:* Bob Jiras. – *Spezialeffekte:* Paul H. Stuart, Fred Cramer, Andrew Overhaltzer, Garry Elmendorf, Dennis Dion, James Camomile.
Produktion: Stanley R. Jaffe, Howard B. Jaffe für 20th Century-Fox. – *Länge:* 126 Minuten. – *Uraufführung:* 12.1981. – *Deutsche Erstaufführung:* 2.4.1982. – *Verleih:* 20th Century-Fox (*Kino*), CBS-Fox (*Video*).
Besetzung: George C. Scott (*General Harlan Bache*), Timothy Hutton (*Brian Moreland*), Ronny Cox (*Colonel Kerby*), Sean Penn (*Alex Dwyer*), TOM CRUISE (*David Shawn*), Brendan Ward (*Charlie Auden*), Evan Handler (*Edward West*), John P. Navin Jnr. (*Derek Mellot*), Billy Van Zandt (*Bug*), Giancarlo Esposito (*J. C. Pierce*), Donald Kimmel (*Billy Harris*), Tim Wahrer (*John Cooper*), Tim Riley (*Hulk*), Jeff Rochlin (*Shovel*), Rusty Jacobs (*Rusty*), Wayne Tippett (*Master Sergeant Kevin*

Moreland), Jess Osuna (*Dean Ferris*), Earl Hindman (*Lieutenant Hanson*), James Handy (*Sheriff*), Steven Ryan (*Marshal*), Michael Longfield (*Deputy*) u. a.

Losin' It (Die Aufreißer von der High School)
USA 1983. – *Regie:* Curtis Hanson. – *Buch:* B.W.L. Norton. – *Story:* B. W. L. Norton, Bryan Gindoff. – *Kamera:* Gil Taylor. – *Musik:* Ken Wannberg. – *Ausstattung:* Robb Wilson King. – *Schnitt:* Richard Halsey. – *Ton:* Kirk Francis. – *Kostüme:* Joanne Palace. – *Maske:* Dante Palmieri, Aniee Maniscalco. – *Spezialeffekte:* Dennis Drummond, Patrick Drummond, Michael O'Farrell.
Produktion: Bryan Gindoff, Hannah Hempstead für Embassy Pictures. – *Ausf. Produzenten:* Joel B. Michaels, Garth H. Drabinsky. – *Länge:* 100 Minuten. – *Uraufführung:* April 1983. – *Deutsche Erstaufführung:* 31.8.1984. – *Verleih:* Apollo (*Kino*), CBS-Fox (*Video*).
Besetzung: TOM CRUISE (*Woody*), Jackie Earle Haley (*Dave*), John Stockwell (*Spider*), John P. Navin Jnr. (*Wendell »The Wimp«*), Shelley Long (*Kathy*), Henry Darrow (*Sheriff*), Hector Elias (*Chuey*), Daniel Faraldo (*Erster Taxifahrer*), Mario Marcelino (*Pablo*), Rick Rossovitch (*Marine*), James Victor (*Rechtsanwalt*), Kale Browne (*Larry*), Enrique Castillo (*Zweiter Taxifahrer*), Cornelio Hernandez (*Großer Mann im Gefängnis*), Hector Morales (*Uhrenverkäufer*), Santos Morales (*Tunga-Lei-Türsteher*), John Valby (*Johnny Horrocks*), Laura James (*Woodys Hure*), Rita Rodgers (*Spiders Hure*), Victoria Wells (*Daves Hure*) u. a.

The Outsiders (Die Outsider/Coppola's The Outsiders – Rebellen ohne Grund)
USA 1983. – *Regie:* Francis Ford Coppola. – *Buch:* Kathleen Knutsen Rowell nach dem Roman von Susan E. Hinton. – *Kamera:* Stephen H. Burum. – *Musik:* Carmine Coppola. – *Ausstattung:* Dean Tavoularis. – *Schnitt:* Anne Goursaud. – *Ton:* Jim Webb. – *Kostüme:* Marge Bowers. – *Maske:* Jack Petty. – *Spezialeffekte:* Dennis Dion.
Produktion: Fred Roos, Gray Frederickson für Zoetrope Studios. – *Ausf. Produzent:* Francis Ford Coppola. – *Länge:* 91 Minuten. – *Uraufführung:* März 1983. – *Deutsche Erstaufführung:* 17.6.1983. – *Verleih:* Neue Constantin Film (*Kino*), Constantin (*Video*).
Besetzung: C. Thomas Howell (*Ponyboy Curtis*), Ralph Macchio (*Johnny Cade*), Matt Dillon (*Dallas Winston*), Patrick Swayze (*Darrel Curtis*), Rob Lowe (*Sodapop Curtis*), Diane Lane (*Cherry Valance*), Emilio Estevez (*Two-Bit Matthews*), TOM CRUISE (*Steve Randle*), Leif Garrett (*Bob Sheldon*), Gailard Sartain (*Jerry*), Tom Waits (*Buck Merrill*), Darren Dalton (*Randy Anderson*), Michelle Meyrink (*Marcia*), Glenn Withrow (*Tim Shephard*), Susan E. Hinton (*Krankenschwester*) u. a.

Risky Business (Lockere Geschäfte)
USA 1983. – *Regie:* Paul Brickman. – *Buch:* Paul Brickman. – *Kamera:* Reynaldo Villalobos, Bruce Surtees. – *Musik:* Tangerine Dream. – *Ausstattung:* William J. Cassidy. – *Schnitt:* Richard Chew. – *Ton:* Scott Smith. – *Kostüme:* Robert de Mora. – *Maske:* Lillian Toth.
Produktion: Jon Avnet, Steve Tisch für Geffen Film Company. – *Länge:* 99 Minuten. – *Uraufführung:* Juli 1983. – *Deutsche Erstaufführung:* 19.4.1984. – *Verleih:* Warner-Columbia (*Kino*), Warner Home (*Video*).
Besetzung: TOM CRUISE (*Joel Goodson*), Rebecca De Mornay (*Lana*), Joe Pantoliano (*Guido*), Richard Masur (*Rutherford*), Bronson Pinchot (*Barry*), Curtis Armstrong (*Miles*), Nicholas Pryor (*Joels Vater*), Janet Carroll (*Joels Mutter*), Shera Danese (*Vicki*), Raphael Sbarge (*Glenn*), Bruce A. Young (*Jackie*), Kevin C. Anderson (*Chuck*), Sarah Partridge (*Kessler*), Nathan Davis (*Wirtschaftslehrer*), Scott Harlan (*Stan Licata*), Sheila Keenan (*Schwester Bolik*), Lucy Harrington (*Glenns Freundin*), Jerry Tullos (*Säufer in der U-Bahn*), Jerome Landfield (*Kesslers Vater*), Ron Dean (*Polizist mit Megaphon*) u. a.

All the Right Moves (Der richtige Dreh)
USA 1983. – *Regie:* Michael Chapman. – *Buch:* Michael Kane. – *Kamera:* Jan de Bont. – *Musik:* David Campbell. – *Ausstattung:* Mary Ann Biddle. – *Schnitt:* David Garfield. – *Ton:* Robert Gravenor. – *Kostüme:* Deborah Hopper.
Produktion: Stephen Deutsch für 20th Century-Fox. – *Ausf. Produzent:* Gary Morton. – *Länge:* 91 Minuten. – *Uraufführung:* Oktober 1983. – *Deutsche Erstaufführung:* April 1988. – *Verleih:* CBS-Fox (*Video*).
Besetzung: TOM CRUISE (*Stefen Djordjevic*), Craig T. Nelson (*Coach Nickerson*), Lea Thompson (*Lisa*), Charles Cioffi (*Pop*), Gary Graham (*Greg*), Paul Carafotes (*Salvucci*), Christopher Penn (*Brian*), Sandy Faison (*Suzie*), Paige Price (*Tracy*), James A. Baffico (*Bosko*), Donald A. Yannessa (*Coach*), Walter Briggs (*Rifleman*) u. a.

Legend (Legende)
USA 1985. – *Regie:* Ridley Scott. – *Buch:* William Hjortsberg. – *Kamera:* Alex Thomson. – *Musik:* Jerry Goldsmith (USA: Tangerine Dream). – *Ausstattung:* Assheton Gorton. – *Schnitt:* Terry Rawlings, Pam Power. – *Ton:* Roy Charman. – *Maske:* Peter Robb-King. – *Spezialeffekte:* Nick Allder. – *Spezialmasken:* Rob Bottin.
Produktion: Arnon Milchan für Legend Company und Universal. – *Länge:* 94 Minuten (USA: 89 Minuten). – *Uraufführung:* September 1985, Internationale Filmfestspiele Venedig. – *Deutsche Erstaufführung:* 21.11.1985. – *Verleih:* 20th Century-Fox (*Kino*), AVU (*Video*).

Besetzung: TOM CRUISE (*Jack O' the Green*), Mia Sara (*Lili*), Tim Curry (*Fürst der Dunkelheit*), David Bennent (*Honethorn Gump*), Alice Playten (*Blix*), Billy Barty (*Screwball*), Cork Hubbert (*Brown Tom*), Peter O'Farrell (*Pox*), Kiran Shah (*Blunder*), Annabelle Lanyon (*Oona*), Robert Picardo (*Meg Mucklebones*), Tina Martin (*Nell*), Ian Longmuire, Mike Crane (*Dämonen-Köche*), Liz Gilbert (*Tanzendes schwarzes Kleid*), Eddie Powell (*Mumifizierte Wache*).

Top Gun (Top Gun – Sie fürchten weder Tod noch Teufel)
USA 1986. – *Regie:* Tony Scott. – *Buch:* Jim Cash, Jack Epps. – *Kamera:* Jeffrey Kimball. – *Musik:* Harold Faltermeyer. – *Ausstattung:* John F. DeCuir Jr. – *Schnitt:* Billy Weber, Chris Lebenzon. – *Ton:* William B. Kaplan, James Cavarretta Jr., Mike Haney, Bob Nichols II. – *Kostüme:* James W. Tyson, Bobbie Read. – *Maske:* Rich Sharp, Scott Eddo. – *Spezialeffekte:* Allen Hall, Peter Cairo, Robert G. Willard, Steve Foster.
Produktion: Don Simpson, Jerry Bruckheimer für Paramount Pictures. – *Ausf. Produzent:* Bill Badalto. – *Länge:* 110 Minuten. – *Uraufführung:* Mai 1986. – *Deutsche Erstaufführung:* 7.8.1986. – *Verleih:* UIP (*Kino*), CIC (*Video*).
Besetzung: TOM CRUISE (*Pete »Maverick« Mitchell*), Kelly McGillis (*Charlotte »Charlie« Blackwood*), Val Kilmer (*Tom »Iceman« Kazansky*), Anthony Edwards (*Nick »Goose« Bradshaw*), Tom Skerritt (*Commander Mike Metcalf, »Viper«*), Michael Ironside (*Dick »Jester« Wetherly*), John Stockwell (*Bill »Cougar« Cortell*), Barry Tubb (*Henry »Wolfman« Ruth*), Rick Rossovich (*Ron »Slider« Kerner*), Tim Robbins (*Sam »Merlin« Wills*), Clarence Gilyard Jr. (*Evan »Sundown« Gough*), Whip Hubley (*Rick »Hollywood« Neven*), James Tolkan (*Stinger*), Meg Ryan (*Carole Bradshaw*), Adrian Pasdar (*Chipper*), Randall Brady (*Lieutenant Davis*) u. a.

The Color of Money (Die Farbe des Geldes)
USA 1986. – *Regie:* Martin Scorsese. – *Buch:* Richard Price nach dem Roman von Walter Tevis. – *Kamera:* Michael Ballhaus. – *Musik:* Robbie Robertson. – *Ausstattung:* Boris Leven. – *Schnitt:* Thelma Schoonmaker. – *Ton:* Glenn Williams. – *Kostüme:* Richard Bruno. – *Maske:* Monty Westmore, Lillian Toth.
Produktion: Irving Axelrad, Barbara De Fina für Touchstone Pictures und Silver Screen Partners II. – *Länge:* 119 Minuten. – *Uraufführung:* Oktober 1986. – *Deutsche Erstaufführung:* 20.2.1987, Internationale Filmfestspiele Berlin. – *Kinostart:* 12.3.1987. – *Verleih:* UIP (*Kino*), Eurovideo (*Video*).
Besetzung: Paul Newman (*Eddie Felson*), TOM CRUISE (*Vincent Lauria*),

Mary Elizabeth Mastrantonio (*Carmen*), Helen Shaver (*Janelle*), John Turturro (*Julian*), Bill Cobbs (*Orvis*), Alvin Anastasia (*Kennedy*), Joe Guastaferro (*Chuck, der Barkeeper*), Keith McCready (*Grady Seasons*), Grady Matthews (*Dud*), Steve Mizerak (*Duke, Eddies erster Gegner*), Jerry Piller (*Tom*), Iggy Pop (*Dünner Spieler*), Forest Whitaker (*Amos*), Bruce A. Young (*Moselle*) u. a.

Cocktail (Cocktail)
USA 1988. – *Regie:* Roger Donaldson. – *Buch:* Heywood Gould nach seinem Roman. – *Kamera:* Dean Semler. – *Musik:* J. Peter Robinson. – *Ausstattung:* Mel Bourne. – *Schnitt:* Neil Travis, Barbara Dunning. – *Ton:* Richard Lightstone, Tod Maitland. – *Kostüme:* Ellen Mirojnick, Arthur Rowsell. – *Maske:* Rick Sharp, Linda Gill, Ed Jackson. – *Spezialeffekte:* Michael Cavanaugh.
Produktion: Ted Field, Robert W. Cort für Touchstone Pictures und Silver Screen Partners III. – *Länge:* 103 Minuten. – *Uraufführung:* Juli 1988. – *Deutsche Erstaufführung:* 12.1.1989. – *Verleih:* Warner Bros. (*Kino*), Touchstone Home (*Video*).
Besetzung: TOM CRUISE (*Brian Flanagan*), Bryan Brown (*Doug Coughlin*), Elisabeth Shue (*Jordan Mooney*), Lisa Banes (*Bonnie*), Laurence Luckinbill (*Mr. Mooney*), Kelly Lynch (*Kerry Coughlin*), Gina Gershon (*Coral*), Ron Dean (*Onkel Pat*), Robert Donley (*Eddie*), Ellen Foley (*Eleanor*), Andrea Morse (*Dulcy*), Chris Owens, Justin Louis, John Graham, Richard Thorn (*Soldaten*), Robert Greenberg, Harvey Alperin, Sandra Will Carradine, Allan Wasserman, E. Hampton Beagle, Parker Whitman, Rick Livingston, Bill Bateman, Jean Pflieger, Rosalyn Marshall, Jeff Silverman, Rich Crater, Marykate Harris, Lew Saunders (*Job-Interviewer*) u. a.

Rain Man (Rain Man)
USA 1988. – *Regie:* Barry Levinson. – *Buch:* Ronald Bass, Barry Morrow. – *Story:* Barry Morrow. – *Kamera:* John Seale. – *Musik:* Hans Zimmer. – *Ausstattung:* Ida Random. – *Schnitt:* Stu Linder, Thomas R. Moore. – *Ton:* Richard Goodman, Al Clay, Jay Rifkin. – *Kostüme:* Bernie Pollack. – *Maske:* Rick Sharp, Ed Butterworth. – *Spezialeffekte:* Don Myers.
Produktion: Mark Johnson für Guber-Peters Company und United Artists. – *Ausf. Produzenten:* Peter Guber, John Peters. – *Länge:* 133 Minuten. – *Uraufführung:* Dezember 1988. – *Deutsche Erstaufführung:* Februar 1989, Internationale Filmfestspiele Berlin. – *Kinostart:* 16.3.1989. – *Verleih:* UIP (*Kino*), Warner Home (*Video*).
Besetzung: Dustin Hoffman (*Raymond Babbitt*), TOM CRUISE (*Charlie Babbitt*), Valeria Golino (*Susanna*), Jerry Molen (*Dr. Bruner*), Jack Murdock (*John Mooney*), Michael D. Roberts (*Vern*), Ralph Seymour

NEWMAN
Er war sein bester Schüler
und wurde sein gefährlichster Gegner.
EIN MARTIN
SCORSESE
FILM
Die
Farbe
des
Geldes
CRUISE
TOUCHSTONE PICTURES präsentiert in Zusammenarbeit mit SILVER SCREEN PARTNERS II
PAUL NEWMAN TOM CRUISE
EIN MARTIN SCORSESE FILM
"THE COLOR OF MONEY" MARY ELIZABETH MASTRANTONIO HELEN SHAVER Ausstattung BORIS LEVEN
Kamera MICHAEL BALLHAUS. Nach dem Buch von WALTER TEVIS. Drehbuch RICHARD PRICE.
Produzenten IRVING AXELRAD und BARBARA DE FINA. Regie MARTIN SCORSESE.

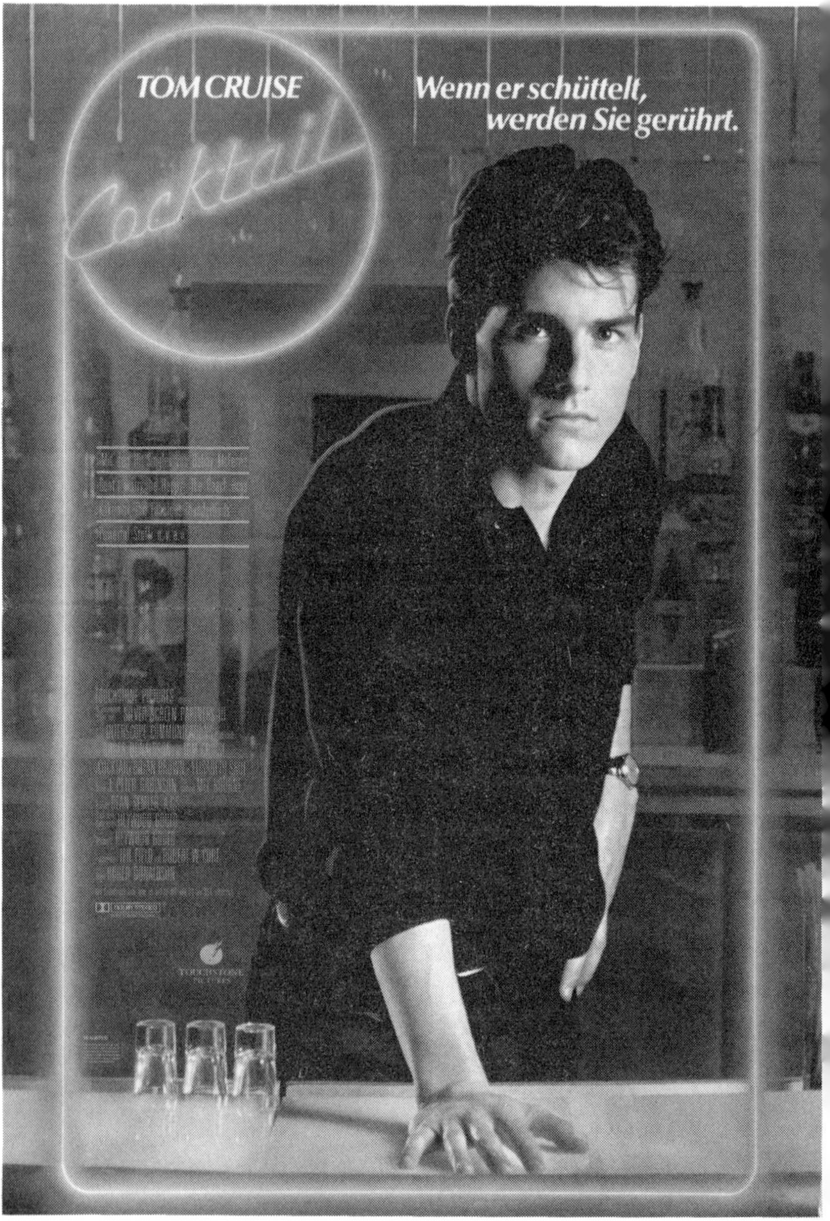
TOM CRUISE
Wenn er schüttelt,
werden Sie gerührt.
Cocktail

DUSTIN HOFFMAN · TOM CRUISE

Charlie und Raymond.
Sie sind Fremde.
Sie sind Brüder.
Sie sind sich gerade begegnet.

Ein BARRY LEVINSON Film

RAIN MAN

UNITED ARTISTS präsentiert:
Eine GUBER-PETERS COMPANY Produktion · Ein BARRY LEVINSON Film
DUSTIN HOFFMAN · TOM CRUISE · RAIN MAN · VALERIA GOLINO
Musik: HANS ZIMMER   Ausstattung: IDA RANDOM
Kamera: JOHN SEALE, A.C.S.   Co-Produzent: GERALD R. MOLEN
ausführende Produzenten: PETER GUBER und JON PETERS   Geschichte von: BARRY MORROW
Drehbuch: RONALD BASS und BARRY MORROW   Produzent: MARK JOHNSON
Regie: BARRY LEVINSON   Ein United Artists Film im Verleih der
ORIGINAL SOUNDTRACK ERHÄLTLICH AUF ☐ ELECTROLA

(*Lenny*), Lucinda Jenney (*Iris*), Bonnie Hunt (*Sally Dibbs*), Barry Levinson (*Doktor*), Kim Robillard (*Kleinstadt-Doktor*), Beth Grant (*Mutter im Farmhaus*), Dolan Dogherty, Andrew Dogherty (*Kinder auf der Farm*), Loretta Wendt Jolivette (*Dr. Bruners Sekretärin*), Donald E. Jones (*Priester beim Begräbnis*), Bryon P. Caunar (*Mann im Wartezimmer*) u. a.

Born on the Fourth of July (Geboren am 4. Juli)
USA 1989. – *Regie:* Oliver Stone. – *Buch:* Oliver Stone, Ron Kovic nach dem Buch von Ron Kovic. – *Kamera:* Robert Richardson. – *Musik:* John Williams. – *Ausstattung:* Bruno Rubeo. – *Schnitt:* David Brenner, Joe Hutsing. – *Ton:* Tod A. Maitland, Armin Steiner. – *Kostüme:* Judy Ruskin. – *Maske:* Sharon Ilson. – *Maske Tom Cruise:* Rick Sharp. – *Spezialeffekte:* William A. Purcell.
Produktion: A. Kitman Ho, Oliver Stone für Ixtlan und Universal Pictures. – *Länge:* 144 Minuten. – *Uraufführung:* Dezember 1989. – *Deutsche Erstaufführung:* 17.2.1990, Internationale Filmfestspiele Berlin. – *Kinostart:* 22.2.1990. – *Verleih:* UIP (*Kino*), CIC (*Video*).
Besetzung: TOM CRUISE (*Ron Kovic*), Bryan Larkin (*Junger Ron*), Raymond J. Barry (*Mr. Kovic*), Caroline Kava (*Mrs. Kovic*), Kyra Sedgwick (*Donna*), Willem Dafoe (*Charlie*), Stephen Baldwin (*Billy Vorsovich*), Tom Berenger (*Rekrutierungsoffizier*), Oliver Stone (*Nachrichtenreporter*), John Getz (*Marine-Major*), Josh Evans (*Tommy Kovic*), Seth Allen (*Junger Tommy*), Jamie Talisman (*Jimmy Kovic*), Sean Stone (*Junger Jimmy*), Anne Bobby (*Susanne Kovic*), Jenna von Oy (*Junge Susanne*), Samantha Larkin (*Patty Kovic*), Erika Geminder (*Junge Patty*), Amanda Davis (*Baby Patty*), Kevin Harvey Morse (*Jackie Kovic*) u. a.

Days of Thunder (Tage des Donners)
USA 1990. – *Regie:* Tony Scott. – *Buch:* Robert Towne. – *Story:* Robert Towne, TOM CRUISE. – *Kamera:* Ward Russell. – *Musik:* Hans Zimmer. – *Ausstattung:* Benjamin Fernandez, Thomas E. Sanders. – *Schnitt:* Billy Weber, Chris Lebenzon. – *Ton:* Charles Wilborn, Jay Rifkin. – *Kostüme:* Susan Becker. – *Maske:* Rick Sharp, Ellen Wong. – *Spezialeffekte:* Thomas R. Ward.
Produktion: Don Simpson, Jerry Bruckheimer für Paramount Pictures. – *Ausf. Produzent:* Gerald R. Molen. – *Länge:* 107 Minuten. – *Uraufführung:* Juni 1990. – *Deutsche Erstaufführung:* 20.9.1990. – *Verleih:* UIP (*Kino*), CIC (*Video*).
Besetzung: TOM CRUISE (*Cole Trickle*), Robert Duvall (*Harry Hogge*), Nicole Kidman (*Dr. Claire Lewicki*), Randy Quaid (*Tim Daland*), Cary Elwes (*Russ Wheeler*), Michael Rooker (*Rowdy Burns*), Fred Dalton Thompson (*Big John*), John C. Reilly (*Buck Bretherton*), J. C. Quinn

Eine wahre Geschichte über verlorene Ideale und wirklichen Mut.

TOM CRUISE

EIN OLIVER STONE FILM

GEBOREN AM 4. JULI

UNIVERSAL PICTURES PRESENTS an A.KITMAN HO & IXTLAN PRODUCTION
AN OLIVER STONE PICTURE TOM CRUISE "BORN ON THE FOURTH OF JULY"
KYRA SEDGWICK   RAYMOND J. BARRY   JERRY LEVINE   FRANK WHALEY
CAROLINE KAVA and WILLEM DAFOE MUSIC BY JOHN WILLIAMS
PRODUCTION DESIGNER BRUNO RUBEO DIRECTOR OF PHOTOGRAPHY ROBERT RICHARDSON
BASED ON TH BOOK BY RON KOVIC SCREENPLAY BY OLIVER STONE & RON KOVIC
PRODUCED BY A. KITMAN HO & OLIVER STONE
READ THE BOOK DIRECTED BY OLIVER STONE SOUNDTRACK ON MCA RECORDS, CASSETTES AND CDS
A UNIVERSAL RELEASE
© 1989 UNIVERSAL CITY STUDIOS, INC./ ALL RIGHTS RESERVED

UNIVERSAL

CIC VIDEO

(*Waddell*), Don Simpson (*Aldo Bennedeti*), Caroline Williams (*Jennie Burns*), Donna Wilson (*Darlene*), Chris Ellis (*Harlan Hoogerhyde*), Peter Appel, Stephen Michael Ayers, Mike Slattery (*Coles Crew*), John Griesemer (*Len Dortort*), Barbara Garrick (*Lauren Daland*), Jerry Molen (*Dr. Wilhaire*), Tania Coleridge (*Russ Wheelers Freundin*) u. a.

Far and Away (In einem fernen Land)
USA 1992. – *Regie:* Ron Howard. – *Buch:* Bob Dolman. – Story: Bob Dolman, Ron Howard. – *Kamera:* Mikael Salomon. – *Musik:* John Williams. – *Ausstattung:* Jack T. Collis, Allan Cameron. – *Schnitt:* Michael Hill, Daniel Hanley. – *Ton:* Ivan Sharrock. – *Kostüme:* Joanna Johnston. – *Maske:* Richard Dean, Edouard F. Henriques III. – *Maske Tom Cruise:* Michael Laudati.
Produktion: Brian Grazer, Ron Howard für Imagine Films Entertainment. – *Ausf. Produzent:* Todd Hallowell. – *Länge:* 140 Minuten. – *Uraufführung:* Mai 1992, Internationale Filmfestspiele Cannes. – *Deutsche Erstaufführung:* 6.8.1992. – *Verleih:* UIP (*Kino*), CIC (*Video*).
Besetzung: TOM CRUISE (*Joseph Donelly*), Nicole Kidman (*Shannon Christie*), Thomas Gibson (*Stephen*), Robert Prosky (*Daniel Christie*), Barbara Babcock (*Nora Christie*), Cyril Cusack (*Danty Duff*), Eileen Pollock (*Molly Kay*), Colm Meaney (*Kelly*), Douglas Gillison (*Dermody*), Michelle Johnson (*Grace*), Wayne Grace (*Bourke*), Niall Toibin (*Joe*), Barry McGovern (*McGuire*), Gary Lee Davis (*Gordon*), Jared Harris (*Paddy*), Steven O'Donnell (*Colm*), Peadar Lamb (*Farmer*), Mark Mulholland (*Erster Bauer*), P. J. Brady (*Zweiter Bauer*), Wesley Murphy (*Hausbesitzer*), Jimmy Keogh (*Priester*) u. a.

A Few Good Men (Eine Frage der Ehre)
USA 1992. – *Regie:* Rob Reiner. – *Buch:* Aaron Sorkin nach seinem Bühnenstück. – *Kamera:* Robert Richardson. – *Musik:* Marc Shaiman. – *Ausstattung:* J. Michael Riva. – *Schnitt:* Robert Leighton, Steve Nevius. – *Ton:* Bob Eber, Matt Patterson. – *Kostüme:* Gloria Gresham. – *Maske:* Steve Abrums, Edouard F. Henriques III, Richard Dean. – *Spezialeffekte:* Eugene Crum.
Produktion: David Brown, Rob Reiner, Andrew Scheinman für Castle Rock Entertainment. – *Ausf. Produzenten:* William Gilmore, Rachel Pfeffer. – *Länge:* 138 Minuten. – *Uraufführung:* November 1992. – *Deutsche Erstaufführung:* 14.1.1993. – *Verleih:* Columbia TriStar (*Kino*), Columbic TriStar Video (*Video*).
Besetzung: TOM CRUISE (*Lieutenant Daniel Kaffee*), Jack Nicholson (*Colonel Nathan R. Jessup*), Demi Moore (*Lieutenant Commander JoAnne Galloway*), Kevin Bacon (*Captain Jack Ross*), Kiefer Sutherland (*Lieute-*

CRUISE
MAN
KOMMT NICHT
DARAN VORBEI.
TAGE DES
Donners
DAYS OF THUNDER

TOM CRUISE

Er ließ alles zurück, um seinen
großen Traum zu verwirklichen…

NICOLE KIDMAN

EIN RON HOWARD FILM

IN EINEM FERNEN LAND

IMAGINE FILMS ENTERTAINMENT PRESENTS A BRIAN GRAZER PRODUCTION
"FAR AND AWAY" MUSIC BY JOHN WILLIAMS COSTUMES DESIGNED BY JOANNA JOHNSTON CO-PRODUCERS
LARRY DeWAAY BOB DOLMAN FILM EDITORS MICHAEL HILL DANIEL HANLEY PRODUCTION DESIGNED BY
JACK T. COLLIS ALLAN CAMERON DIRECTOR OF PHOTOGRAPHY MIKAEL SALOMON, A.S.C. EXECUTIVE PRODUCER
TODD HALLOWELL STORY BY BOB DOLMAN & RON HOWARD SCREENPLAY BY BOB DOLMAN PRODUCED BY
IMAGINE˜ BRIAN GRAZER AND RON HOWARD DIRECTED BY RON HOWARD A UNIVERSAL RELEASE
© 1992 UNIVERSAL CITY STUDIOS, INC. ALL RIGHTS RESERVED.

UNIVERSAL

nant Jonathan Kendrick), Kevin Pollack (*Lieutenant Sam Weinberg*), James Marshall (*Pfc. Louden Downey*), J. T. Walsh (*Lieutenant Colonel Matthew Markinson*), Christopher Guest (*Doctor Stone*), J. A. Preston (*Richter Randolph*), Matt Craven (*Lieutenant Dave Spradling*), Wolfgang Bodison (*Lance Corporal Harold W. Dawson*), Xander Berkeley (*Captain Whitaker*), John M. Jackson (*Captain West*) u. a.

The Firm (Die Firma)

USA 1993. – *Regie:* Sydney Pollack. – *Buch:* David Rabe, Robert Towne, David Rayfiel nach dem Roman von John Grisham. – *Kamera:* John Seale. – *Musik:* Dave Grusin. – *Ausstattung:* Richard Macdonald. – *Schnitt:* William Steinkamp, Frederic Steinkamp. – *Ton:* David Mac-Millan. – *Kostüme:* Ruth Myers.
Produktion: Scott Rudin, John Davis, Sydney Pollack für Paramount Pictures. – *Ausf. Produzenten:* Michael Hausman, Lindsay Doran. – *Länge:* 154 Minuten. – *Uraufführung:* Juni 1993. – *Deutsche Erstaufführung:* 14.10.1993. – *Verleih:* UIP (*Kino*).
Besetzung: TOM CRUISE (*Mitch McDeere*), Jeanne Tripplehorn (*Abby McDeere*), Gene Hackman (*Avery Tolar*), Hal Holbrook (*Oliver Lambert*), Terry Kinney (*Lamar Quinn*), Wilford Brimley (*William Devasher*), Ed Harris (*Wayne Tarrance*), Holly Hunter (*Tammy Hemphill*), David Strathairn (*Ray McDeere*), Gary Busey (*Eddie Lomax*), Steven Hill (*F. Denton Voyles*), Tobin Bell (*Nordic Man*), Barbara Garrick (*Kay Quinn*), Jerry Hardin (*Royce McKnight*), Paul Calderon (*Thomas Richie*), Jerry Weintraub (*Sonny Capps*), Sullivan Walker (*Barry Abanks*), John Beal (*Nathan Locke*), Karina Lombard (*Frau am Strand*), Paul Sorvino u. a.

Falling Angels: The Frightening Frammis (TV)

USA 1993. – *Regie:* TOM CRUISE. – *Buch:* Jon Robin Baltz, Howard Rodman nach der Geschichte von Jim Thompson. – *Kamera:* Peter Suschitzky. – *Musik:* Peter Bernstein. – *Ausstattung:* Armin Ganz. – *Schnitt:* David Siegel. – *Ton:* Michael Evje. – *Kostüme:* Shay Cunliffe.
Produktion: William Horberg, Lindsay Doran, Steve Golin für Mirage Enterprises und Propaganda Films. – *Ausf. Produzent:* Sydney Pollack. – *Länge:* 30 Minuten. – *Erstsendung:* 5. September 1993 (Showtime).
Besetzung: Peter Gallagher, Isabella Rossellini, Nancy Travis, John Reilly, Bill Erwin, Jean Speegle Howard, Joe Viterelli, Gene Price.

Interview with the Vampire

USA 1994. – *Regie:* Neil Jordan. – *Buch:* Neil Jordan, Anne Rice nach dem Roman von Anne Rice. – *Kamera:* Phillippe Rousselot. – *Musik:*

George Fenton. – *Ausstattung:* Dante Ferretti. – *Kostüme:* Sandy Powell. – *Spezialeffekte:* Stan Winston.

Produktion: Stephen Woolley, David Geffen für Geffen Pictures und Warner Bros. – *Co-Produzent:* Redmond Morris.

Besetzung: TOM CRUISE (*Lestat*), Brad Pitt (*Louis*), Antonio Banderas (*Armand*), Stephen Rea (*Santiago*), River Phoenix (*Interviewer*) u. a.

Literatur

Publikationen

Guy & Daniele Abitan: Tom Cruise. Charme Cocktail. Wiesbaden: Verlagsunion Pabel-Moewig (Choc Editions-Spezialnummer), 1993.

Jolene M. Anthony: Tom Cruise. New York: St. Martin's Press, 1988.

Antje Komorek: Tom Cruise. Hamburg: edel company, 1990.

Susan Netter: Cruise Control. The Unauthorized Biography. New York: Perigee, 1988.

Kay Rowley: Tom Cruise: A Poster Book. London: Atlanta Press, 1990.

Berndt Schulz: Tom Cruise. Rastatt: Moewig, 1990.

Porträts

Christopher Connelly: Fast Track. In: Premiere, Juli 1988, S. 41–51 *(auch Drehbericht zu* COCKTAIL*).*

Richard Corliss: Tom Terrific. In: Time, 25.12.1989, S. 48–53.

Jan Golab: A Cruise in Outer Space. In: California, Juni 1991, S. 42–47, 100.

Kathryn Kirby: Double Vision. In: Vox, April 1991, S. 108.

Stephanie Mansfield: Tom Cruise from the Neck Up. In: GQ, Dezember 1992, S. 184–189, 274–275.

o. V.: Cruise. In: Idols, Nr. 34, Dezember 1990, S. 5–8.

Meinolf Zurhorst: Tom Cruise. In: Ders.: Die neuen Gesichter Hollywoods. München: Heyne (Filmbibliothek Nr. 123), 1988, S. 102–117.

Interviews

Jean-Paul Chaillet: Tom Cruise. In: Première, Nr. 190, S. 38–41.

Christopher Connelly: Winging It. In: Rolling Stone, Nr. 476.

Cameron Crowe: Tom Cruise. In: Interview, Mai 1986.

Fots Doozy: Firm Favourite. In: Film Review, Oktober 1993, S. 32–35.

Stefan Hoyer: »Es ist wie auf einer Achterbahn«. In: Stuttgarter Zeitung, 9.8.1986.

Andreas Kern: Jeder Film ist ein Risiko. In: Cinema, August 1986.

Jean-Pierre Lavoignat: La marche triomphale. In: Studio, Nr. 62, Special Cannes 1992, S. 61–66.

Stephen Rebello: 60 Minutes with Tom Cruise. In: Movieline, Vol. 4, Nr. 4, Dezember 1992, S. 30–35, 78–80, 84.

Trish Deitch Rohrer: Tom Cruise. Earnest Goes to the Movies. In: Entertainment Weekly, 11.12.1992, S. 20–27.

Susan Royal: Tom Cruise. In: American Premiere, Dezember 1988/Januar 1989, S. 16–20.

Robert Scheer: Top Cruise. In: Studio, Nr. 34, Januar/Februar 1990, S. 58–68, 128.

Zu einzelnen Filmen

Endless Love (Endlose Liebe)

o. V.: A Dialogue with Franco Zefirelli. In: American Cinematographer, Vol. 62, Nr. 10, Oktober 1981, S. 976–977, 1046–1047, 1056–1060.

Kritiken:

Cart. in: Variety, 22.7.1981. – *Richard Schickel* in: Time, 27.7.1981. – *Geoff Brown* in: Monthly Film Bulletin, September 1981.

Taps (Die Kadetten von Bunker Hill)
Michael Dempsey: Taps. In: Film Quarterly, Vol. 35, Nr. 3, Frühling 1982, S. 51–55 *(Analyse)*.
Kritiken:
Berg. in: Variety, 9.12.1981. – *Martin Auty* in: Monthly Film Bulletin, März 1982. – *Hans-Dieter Seidel* in: Frankfurter Allgemeine, 7.4.1982.

Losin' It (Die Aufreißer von der High School)
Kritiken:
Har. in: Variety, 13.4.1983. – *Anne Bilson* in: Monthly Film Bulletin, Mai 1984.

The Outsiders (Die Outsider/Coppola's The Outsiders – Rebellen ohne Grund)
Peter Cowie: Coppola. London, Boston: Faber and Faber, 1990.
Stephen Farber: Directors Join the S. E. Hinton Fan Club. In: The New York Times, 20.3.1983 *(Über die Verfilmungen der Romane von Susan E. Hinton)*.
Bodo Fründt, Wolfgang Jacobsen, Peter W. Jansen, Christa Maerker: Francis Ford Coppola. München, Wien: Carl Hanser Verlag (Reihe Film 33), 1985.
Lee Grant: Matt Dillon: Movie Idol of the Now Generation. In: Los Angeles Times, 21.6.1982 *(Matt-Dillon-Porträt)*.
Dave Smith: Hinton: What Boys Are Made of. In: Los Angeles Times, 15.7.1982 *(Porträt der Schriftstellerin Susan E. Hinton)*.
Kritiken:
Vincent Canby in: The New York Times, 25.3.1983. – *Cart.* in: Variety, 30.3.1983. – *David Ansen* in: Newsweek, 4.4.1983. – *Richard Corliss* in: Time, 4.4.1983. – *Andrew Sarris* in: The Village Voice, 5.4.1983. – *Rudolf Thome* in: Der Tagesspiegel, 19.6.1983. – *Hans-Christoph Blumenberg* in: Die Zeit, 24.6.1983. – *Sheila Johnston* in: Monthly Film Bulletin, August 1983. – *David Shipman* in: Films and Filming, August 1983.

Risky Business (Lockere Geschäfte)
Matthew Bernstein, David Pratt: Comic Ambivalence in Risky Business. In: Film Criticism, Vol. 9, Nr. 3, Frühling 1985, S. 33–43 *(Analyse)*.
Kritiken:
Cart. in: Variety, 27.7.1983. – *Kim Newman* in: Monthly Film Bulletin, Februar 1984. – *Rudolf Thome* in: Tagesspiegel, 22.4.1984. – *Claudius Seidl* in: Süddeutsche Zeitung, 26.4.1984.

All the Right Moves (Der richtige Dreh)
Susan Lehman, Susanna Sonnenberg: All the Right Moves. In: Premiere, September 1991, S. 103 *(Über die Liebesszene zwischen Cruise und Lea Thompson)*.
Kritik:
Loyn. in: Variety, 5.10.1983.

Legend (Legende)
Steve Biodrowski: Legend Makeup. In: Cinefantastique, Vol. 15, Nr. 5, Januar 1986, S. 25–26, 57 *(Über die Spezialeffekte)*.
Chris Brown: Ridley Scott Changes Direction with Legend, an Original Fairy Story. In: Screen International, 6.7.1985 *(Drehbericht)*.
Alan Jones: Legend. In: Cinefantastique, Vol. 15, Nr. 5, Januar 1986, S. 22–27 *(Drehbericht)*.

Kritiken:
Strat. in: Variety, 21.8.1985. – *Michael Althen* in: Süddeutsche Zeitung, 23./24.11.1985. – *Rudolf Thome* in: Der Tagesspiegel, 29.11.1985. – *Kim Newman* in: Monthly Film Bulletin, Dezember 1985. – *Philip Strick* in: Stills, Dezember 1985/Januar 1986. – *Boe.* in: Neue Zürcher Zeitung, 1./2.1.1986.

Top Gun (Top Gun – Sie fürchten weder Tod noch Teufel)
Alexander Cockburn: The Selling of the Pentagon? In: American Film, Vol. 11, Nr. 8, Juni 1986, S. 28–32, 52 *(Drehbericht).*
Kritiken:
Jagr. in: Variety, 14.5.1986. – *Nigel Floyd* in: Monthly Film Bulletin, Oktober 1986. – *Hans Günter Pflaum* in: Süddeutsche Zeitung, 9.8.1986. – *Rudolf Thome* in: Tagesspiegel, 10.8.1986. – *Dieter Vogt* in: Frankfurter Allgemeine, 12.8.1986.

The Color of Money (Die Farbe des Geldes)
David Ansen: The Big Hustle. In: Newsweek, 13.10.1986, S. 68–74 *(Drehbericht).*
Peter Biskind, Susan Linfield: Chalk Talk. In: American Film, November 1986, S. 30–33, 69 *(Interview mit Martin Scorsese und Richard Price).*
Terrence Rafferty: High Stakes. In: Sight & Sound, Herbst 1986, S. 264–265 *(Drehbericht).*
David Thompson, Ian Christie (Hg.): Scorsese on Scorsese. London: Faber and Faber, 1989.
Kritiken:
Jagr. in: Variety, 8.10.1986. – *Richard Schickel* in: Time, 20.10.1986. – *Pauline Kael* in: New Yorker, 3.11.1986. – *Hans-Dieter Seidel* in: Frankfurter Allgemeine, 21.2.1987. – *che.* in: Neue Zürcher Zeitung, 12.3.1987. – *Hans Günter Pflaum* in: Süddeutsche Zeitung, 13.3.1987. – *Hans Schifferle* in: Kölner Stadt-Anzeiger, 14.3.1987. – *Willi Winkler* in: Die Zeit, 20.3.1987.

Cocktail (Cocktail)
Kritiken:
Cart. in: Variety, 27.7.1988. – *Anne Bilson* in: Monthly Film Bulletin, Januar 1989. – *Anke Sterneborg* in: Tagesspiegel, 12.1.1989. – *ms.* in: Neue Zürcher Zeitung, 17.1.1989. – *Fritz Göttler* in: Süddeutsche Zeitung, 18.1.1989.

Rain Man (Rain Man)
Michael Althen: Von Baltimore nach Hollywood. In: Süddeutsche Zeitung, 17.3.1989 *(Interview mit Barry Levinson).*
David Ansen: Brotherly Love. In: Newsweek, 6.2.1989 *(Drehbericht/Analyse).*
Steve Pond: Top Dogs. In: Go, Dezember 1988, S. 282–287, 328–330 *(Drehbericht).*
Mark Rowland: Acting His Age. In: American Film, Dezember 1988, S. 20–25, 60–61 *(Dustin-Hoffman-Porträt).*
Sudan Royal: Dustin Hoffman. In: American Premiere, Dezember 1988/Januar 1989, S. 13–15, 21–22, 30–31 *(Inteview mit Dustin Hoffman).*
David Thompson (Hg.): Levinson on Levinson. London: Faber and Faber, 1992.
Kritiken:
Daws. in: Variety, 14.12.1988. – *Richard Schickel* in: Time, 19.12.1988. – *Ri-*

chard Combs in: Monthly Film Bulletin, März 1989. – *Michael Althen* in: Süddeutsche Zeitung, 17.3.1989. – *Marli Feldvoss* in: Frankfurter Allgemeine, 18.3.1989. – *G. Kr.* in: Neue Zürcher Zeitung, 23.3.1989.

Born on the Fourth of July (Geboren am 4. Juli)

Peter Biskind: Cutter's Way. In: Premiere, Februar 1990, S. 58–63 *(Über die Montage des Films)*.

Elaine Dutka: »What Would Happen to Tom Cruise if …«. In: Empire, Nr. 9, März 1990, S. 36–40 *(Drehbericht)*.

Frauke Hanck: »… und niemand will darüber sprechen«. In: Die Welt, 1.3.1990 *(Interview mit Oliver Stone)*.

Robert Scheer: Born on the Third of July. In: Premiere, Februar 1990, S. 50–56 *(Drehbericht)*.

Robert Seidenberg: To Hell and Back. In: American Film, Vol. 15, Nr. 4, Januar 1990, S. 28–31, 56 *(Interview mit Ron Kovic)*.

Kritiken:

Daws. in: Variety, 20.12.1989. – *Andreas Kilb* in: Die Zeit, 16.2.1990. – *dlw.* in: Neue Zürcher Zeitung, 1.3.1990. – *Peter Körte* in: Frankfurter Rundschau, 1.3.1990. – *Brigitte Desalm* in: Kölner Stadt-Anzeiger, 3.3.1990. – *Peter Buchka* in: Süddeutsche Zeitung, 5.3.1990. – *Verena Lueken* in: Frankfurter Allgemeine, 5.3.1990. – *Richard Combs* in: Monthly Film Bulletin, April 1990.

Days of Thunder (Tage des Donners)

Jon Bowermaster: Daytona Thunder. In: Premiere, Juni 1990, S. 80–84 *(Drehbericht)*.

Jeffrey Ressner: »I Feel the Need … the Need for Speed«. In: Empire, Nr. 15, September 1990, S. 48–54 *(Drehbericht)*.

Kritiken:

Mac. in: Variety, 27.6.1990. – *Nigel Floyd* in: Monthly Film Bulletin, September 1990.

Far and Away (In einem fernen Land)

Christopher Connelly: Murmur of the Heart. In: Premiere, Juni 1992, S. 60–73 *(Drehbericht)*.

Jenny Cooney: Happy Days? In: Empire, Nr. 38, August 1992, S. 60–64 *(Drehbericht)*.

Bob Dolman, Ron Howard: Far and Away. The Illustrated Story of a Journey from Ireland to America in the 1890s. London: Boxtree, 1992; New York: Newmarket Press, 1992.

Kritiken:

Todd McCarthy in: Variety, 11.5.1992. – *Peter Körte* in: Frankfurter Rundschau, 6.8.1992. – *Michael Althen* in: Süddeutsche Zeitung, 7.8.1992.

A Few Good Men (Eine Frage der Ehre)

Peter Biskind: A Few Good Menshes. In: Premiere, Januar 1993, S. 50–60 *(Drehbericht)*.

Jenny Cooney: The Dream Team. In: Empire, Nr. 44, Februar 1993, S. 56–63 *(Drehbericht)*.

Kritiken:

Todd McCarthy in: Variety, 16.11.1992. – *Kim Newman* in: Sight and Sound, Januar 1993. – *Frank Schnelle* in: tip, Nr. 2/1993.

The Firm (Die Firma)

Joachim Kronsbein: Kind unter Killern. In: Der Spiegel, Nr. 28, 12.7.1993, S. 163–165 *(John-Grisham-Porträt)*.

Tom Mathews: Book 'Em. In: Newsweek, 15.3.1993, S. 78–81 *(John-Grisham-Porträt)*.

Kritiken:

Duane Byrge in: The Hollywood Reporter, 29.6.1993.

Owen Gleiberman in: Entertainment Weekly, 9.7.1993. – *Todd McCarthy* in: Variety, 12.7.1993.

Fallen Angels: The Frightening Frammis

Caroline Kirk Cordero: Noir de Vivre. In: Premiere, August 1993, S. 40–41 *(Drehbericht)*.

Kritik:

Tony Scott in: Variety, 6.9.1993.

Verschiedenes

Liane v. Billerbeck, Frank Nordhausen: Der Sekten-Konzern. Scientology auf dem Vormarsch. Berlin: Christoph Links Verlag, 1993.

Jörg Herrmann (Hg.): Mission mit allen Mitteln. Der Scientology-Konzern auf Seelenfang. Reinbek bei Hamburg: Rowohlt Taschenbuch Verlag, 1992.

Rob Medich: Playing the Tom Cruise Sweepstakes. In: Premiere, August 1990, S. 25 *(Über Cruise' zahlreiche Rollenangebote)*.

John H. Richardson: Catch a Rising Star. In: Premiere, September 1993, S. 85–92 *(Über Scientology in Hollywood)*.

Susan Squire: Look Who's Talking Back. In: Premiere, März 1990, S. 54–63 *(John-Travolta-Porträt)*.

James Ulmer: Who the World Loves Now. In: Premiere, Juli 1991, S. 85–91 *(Über die Popularität amerikanischer Stars im Ausland)*.

Danksagung

Mein besonderer Dank gilt Lars-Olav Beier, Gerhard Midding und Daniela Sannwald, deren Anmerkungen mir wie immer eine große Hilfe waren. Ein »Big Thank You« geht an Emily Russo, meine eifrige New-York-Connection. Für Informationen und Hilfestellungen danke ich außerdem Frank Arnold, Patricia Bauermeister, Martin Blaney, Robert Fischer, Debra Goodwin (Showtime), Volker Gunske (tip), Heike Hauf, Annette Kilzer, Klaus-Peter Koch, Karola Schmidt (UIP), Martina Vetter, Uwe Wiedleroither sowie den BibliotheksmitarbeiterInnen der Deutschen Film- und Fernsehakademie Berlin und der Hochschule für Fernsehen und Film in München.

Register